PADRE MÁRCIO ALMEIDA

Os milagres e sinais de São Miguel Arcanjo

EDITORA SANTUÁRIO

Dados Internacionais de Catalogação na Publicação (CIP) de acordo com ISBD

A447m Almeida, Márcio Giordany Costa de

Os milagres e sinais de São Miguel Arcanjo / Márcio Giordany Costa de Almeida. - Aparecida : Editora Santuário, 2023.
88 p. ; 14cm x 21cm.

Inclui índice.
ISBN 978-65-5527-349-6

1. Religião. 2. Cristianismo. 3. São Miguel Arcanjo. 4. Devoção. 5. Orações. I. Título.

2023-1855 CDD 240
CDU 24

Elaborado por Vagner Rodolfo da Silva - CRB-8/9410

Índice para catálogo sistemático:
1. Religião : Cristianismo 240
2. Religião : Cristianismo 24

1ª impressão

Rua Pe. Claro Monteiro, 342 – 12570-045 – Aparecida-SP
Tel.: 12 3104-2000 – Televendas: 0800 - 0 16 00 04
www.editorasantuario.com.br
vendas@editorasantuario.com.br

IMPRIMATUR

Como bispo diocesano de Itapetininga, tenho a grata satisfação de apresentar mais um livro de autoria do reverendíssimo Padre Márcio Giordany Costa de Almeida, Pároco e Reitor da Paróquia/Basílica e Santuário de São Miguel Arcanjo, na cidade cujo nome reverencia seu patrono, sob cuja proteção foi fundada.

Este livro procura apresentar os fundamentos da devoção ao Arcanjo São Miguel e também os relatos dos milagres e sinais alcançados pela intercessão de São Miguel Arcanjo. Tudo com o objetivo de despertar e cultivar a piedade dos devotos e romeiros de São Miguel, reafirmando a nossa fé em Deus.

Deus criou os anjos para o louvor de sua glória e também como seus mensageiros. O Arcanjo São Miguel manifesta o poder de Deus (Quem como Deus?), ajudando-nos no combate contra o mal e ameaças demoníacas, contra todos os perigos que nos afastam de Deus, para que libertos possamos ser fortalecidos na fé, na oração, e viver na intimidade de Deus, caminhar em comunhão na Igreja, alimentando-nos de Cristo, de sua palavra e sua vida na Eucaristia.

Com a ajuda de São Miguel Arcanjo, participamos da vitória de Cristo sobre o pecado e a morte e, renovados em Cristo, pela misericórdia do Pai, poder viver uma vida nova, guiados pelo Espírito Santo, no amor e na paz.

Que São Miguel Arcanjo nos proteja e nos defenda de todos os males, para que brilhe em nossa vida a vitória de Cristo ressuscitado. Amém!

+ Gorgônio A. da Encarnação Neto

Dom Gorgônio Alves da Encarnação Neto, CR

Bispo da Diocese de Itapetininga

DEDICATÓRIA

Dedico este livro ao Dr. André Murad, *in memoriam.*

Meu primeiro contato com o Dr. André aconteceu em agosto de 2020, por uma iniciativa e curiosidade dele a respeito da aparição de São Miguel Arcanjo em nossa cidade. Esse contato foi via telefone, ainda nos primeiros meses da Pandemia de Covid-19. E ficamos de nos encontrar para conversar quando a situação ficasse mais amena.

Nosso primeiro encontro aconteceu em 14 de maio de 2021, e com o Dr. André conheci sua família, Dona Cidinha e Thayane. E a partir desse dia passamos a cultivar uma amizade profunda.

Conversávamos por longas horas... Às vezes ele confessava comigo... Às vezes eu pedia suas orientações... Às vezes a gente só dava risada das coisas da vida. Quantas lembranças boas de um tempo de convivência tão curto!

Ele entendeu o potencial da Basílica de São Miguel Arcanjo e foi um grande incentivador do nosso trabalho de evangelização.

Mas o projeto da Gruta do Arcanjo fez os seus olhos brilharem. E até seu último sopro de vida, no dia 19 de março de 2023, ele sonhou com este projeto.

Dedico este livro a ele, Dr. André Murad, pela amizade, pelo carinho e pelo incentivo. Ele, no processo da doença, fez a experiência do milagre. Após uma parada respiratória, voltou à vida pelos braços de São Miguel Arcanjo, como ele mesmo me contou!

Sei que do Céu ele vibra com nossos passos e torce por nós!

PREFÁCIO

Rafael Brito
Mestre e doutorando em Teologia Dogmática pela Pontifícia Universidade Gregoriana (PUG)

E, naquele tempo, se levantará Miguel, o grande príncipe, que se levanta pelos filhos do teu povo (Dn 12,1-13).

Desde os tempos antigos, a tradição bíblica, bem como a doutrina da Igreja, invoca o Príncipe dos anjos para que se levante em favor de seu povo. São Miguel Arcanjo é poderoso contra o mal e ao mesmo tempo íntimo do Todo-Poderoso.

Esta mesma intimidade dá a ele o título de "General dos Exércitos do Senhor". Assim sendo, podemos evidenciar que o primeiro entre os anjos é mestre na arte da guerra contra o nosso antigo inimigo e, ao mesmo tempo, o Anjo da Paz.

A prova desta verdade é que em meio à guerra constitucionalista de 1932, onde o país se dividia em uma luta sangrenta, na pequenina cidade de São Miguel Arcanjo, aparece o príncipe dos anjos a declarar que a guerra havia findado.[1]

A presente obra, escrita pelo querido Padre Márcio Almeida, traz em si a novidade do cotidiano daquelas testemunhas simples e humildes que maravilhosamente se escondem no coração de Deus. Com uma linguagem simples e acessível, o padre nos apresenta o panorama histórico dos milagres realizados por Deus por meio da intercessão de São Miguel.

[1] Padre Marcio Almeida. *São Miguel Arcanjo, o Santo Guerreiro da Revolução de 1932*. São Paulo: Ed. Angelus, 2022, p. 99-100.

Passando pelos relatos bíblicos, bem como aqueles da tradição antiga da Igreja, Padre Márcio nos faz viajar no tempo e descobrir que o mesmo Deus que agiu anos atrás realiza prodígios em nossos dias.

Tendo-nos já presenteado com outras três obras: *São Miguel Arcanjo, defendei-nos no combate!; São Miguel Arcanjo – O Santo Guerreiro de 1932; Quaresma de São Miguel Arcanjo – Devocionário,* agora nos traz um grande presente, a obra que se caracteriza como seu quarto livro: *Os Milagres e Sinais de São Miguel Arcanjo.*

Prepare-se! Ao mergulhar seu coração nestas páginas, você descobrirá o Arcanjo amigo fiel que deseja interceder pelas guerras de tua vida e te levar às soleiras da sala do trono.

Que o vencedor do Dragão infernal esteja contigo e combata ao teu lado nas trincheiras da vida!

São Miguel, rogai por nós!

APRESENTAÇÃO

Deixou suas muletas e o seguiu!

Mais tarde, Jesus subiu a Jerusalém para uma das festas religiosas judaicas. Dentro da cidade, próximo da porta das Ovelhas, ficava o tanque que, em hebraico, chamava-se Betesda, com cinco alpendres cobertos em volta. Multidões de doentes, coxos, cegos e paralíticos, estavam ali deitados à espera dum certo movimento da água. Pois de vez em quando vinha um anjo do Senhor que a agitava e a primeira pessoa que nela entrasse, logo depois, ficava curada. Um dos homens que ali se encontravam estava aleijado havia trinta e oito anos. Quando Jesus o viu e soube há quanto tempo estava doente, perguntou-lhe: "Queres ficar curado?". "Sim", disse o doente, "mas não tenho ninguém que me ajude a entrar no tanque logo que a água se agita. Enquanto estou a tentar entrar, há sempre outro que se mete à minha frente." Jesus disse-lhe: "Levanta-te, enrola a tua esteira e vai para casa!". Imediatamente, aquele homem ficou bom e, enrolando a esteira, começou a andar (Jo 5,1-9).

Jesus nunca deixou de curar seu povo. Nesses dois mil anos de cristianismo, muitos foram aqueles que por graça Divina alcançaram a cura de suas doenças, receberam de Deus um milagre. Assim aconteceu na vida de dona Marisa.

Ela sofria terrivelmente de dores na coluna e nas pernas há mais de dez anos, 24 horas por dia, a ponto de andar com muita dificuldade.

Os médicos haviam lhe dito que seu caso era sem solução, por se tratar de uma doença degenerativa. E que, se recorresse a uma cirurgia, corria ainda o risco de ficar numa cadeira de rodas.

O laudo médico dizia que ela sofria de dor crônica na lombar com irradiação para a perna direita, com discopatia em terceiro grau, mais artrose lombar com compressão.

Apesar da pouca idade, ela estava impossibilitada de ter uma vida normal... As dores eram intensas, limitantes, e aumentavam cada vez mais. Ela estava perdendo a força global e estava usando muleta há seis anos. Às vezes fazia uso de medicamentos muito fortes para aliviar a dor, mas mesmo assim não passava.

De família católica, quando ainda jovem passou a frequentar outra denominação cristã, por influência do companheiro, evangélico de berço. Frequentou essa igreja por cerca de trinta e três anos, e ali praticava sua fé.

Mas as dores estavam cada vez mais insuportáveis...

Certo dia, em meio ao desespero causado pelas dores, ela pediu ao marido que a levasse à Basílica de São Miguel Arcanjo. Ao entrar na igreja, ela se aproximou de uma pessoa e perguntou se alguém ali fazia oração, pois estava desesperada. Para sua surpresa, a pessoa lhe disse que ela deveria ir até à imagem de São Miguel Arcanjo e escrever para ele tudo aquilo que se passava em sua vida. E assim ela o fez. Deixou na urna de pedidos da Basílica uma carta. Eu seu relato, ela nos diz: "Não pedi a cura da doença, pedi para ele que tirasse a dor horrível que eu sentia. E que se eu recebesse essa bênção, levaria minha muleta na sala de milagres".

Meio sem entender a prática católica, dona Marisa foi embora para casa, com um misto de esperança e de decepção.

Mas São Miguel Arcanjo, nosso santo defensor, levou as preces da dona Marisa para junto de Deus. Foi como o anjo do Evangelho de João, que estava ali para balançar as águas da cura.

No terceiro dia ela percebeu que suas dores haviam diminuído. Coincidentemente, ela nos conta que ao se dirigir à farmácia da Prefeitura, para pegar seu remédio de alto custo, recebeu a notícia de que estava em falta – e assim ficou por 4 meses.

Mas dona Marisa estava totalmente sem dor. Agradecida pelo milagre alcançado, conforme prometera, deixou sua muleta e seu testemunho na sala de milagres da Basílica de São Miguel Arcanjo.

Feliz da vida, grata a Deus e a São Miguel Arcanjo pela graça alcançada, dona Marisa decidiu voltar a seguir a Igreja Católica. Veio conversar comigo sobre os passos que precisava fazer para viver bem a sua fé na Igreja daquele que intercedeu por ela junto a Deus.

A dona Marisa entrou na catequese de adultos, casou-se na igreja, fez Primeira Comunhão e Crisma. E desde então participa ativamente da vida da Igreja. Aprendeu a rezar o terço, aprendeu a rezar a Coroa de São Miguel Arcanjo e glorifica a Deus a cada dia, pois grandes são os seus feitos em sua vida. Ela atribui mais um milagre a São Miguel Arcanjo: o ingresso de seu filho Alan, de 30 anos, na Igreja Católica. Ele não era batizado e, vendo a graça que a mãe alcançou, decidiu fazer a catequese junto com a mãe, recebendo os sacramentos da iniciação à vida cristã.

Pois é... São Miguel Arcanjo intercedeu por esta nossa irmã, como tem intercedido por tantos ao longo dos anos. Sim, ele é um poderoso intercessor, pois foi escolhido por Deus para nos defender nos combates da vida.

É esse São Miguel Arcanjo que quero te apresentar neste livro. Você o conhece? Sabe o que a Igreja diz a seu respeito? Conhece seus milagres e aparições? Pois bem... Nas próximas páginas, quero te trazer diversos relatos que te ajudarão a entender melhor quem é o Príncipe da Milícia Celeste, o Guardião do Paraíso, o nosso fiel defensor, São Miguel Arcanjo.

1

O QUE A IGREJA DIZ SOBRE SÃO MIGUEL ARCANJO

Houve então uma batalha no céu: Miguel e seus anjos guerrearam contra o Dragão. O Dragão lutou, juntamente com seus anjos, mas foi derrotado; e eles perderam seu lugar no céu (Ap 12,7-8).

A devoção a São Miguel Arcanjo é muito antiga, precede a fé cristã, uma vez que o Antigo Testamento cita-o em diversas passagens, estando assim já presente na religiosidade judaica.

Por ser um anjo, São Miguel está na ordem da criação das coisas celestiais... "Deus disse: faça-se um firmamento entre as águas, separando-as umas das outras [...]. Ao firmamento Deus chamou céu" (Gn 1,6-8). Quando Deus cria o céu, cria todos os seres celestiais, os quais chamamos de anjos.

O Catecismo da Igreja Católica, número 328, nos diz o seguinte: "A existência dos seres espirituais, não-corporais, que a Sagrada Escritura chama habitualmente de anjos, é uma verdade de fé. O testemunho da Escritura a respeito é tão claro quanto a unanimidade da Tradição".

Nós acreditamos nos anjos! Para nós, cristãos, essa é uma verdade de fé inquestionável. E mais, nós cremos que eles foram criados por Deus para O adorar e servir. E tornam-se os mensageiros de Deus para os seres humanos.

Quanto a São Miguel Arcanjo, temos algumas referências bíblicas e do magistério que sustentam a nossa fé e adesão a este poderoso arcanjo.[2]

São cinco passagens bíblicas que fazem menções diretas ao Arcanjo Miguel: três no livro do profeta Daniel (10,13; 10,21; 12,1), uma na carta de São Judas (v. 9) e a última no livro do Apocalipse (12,7).

Vejamos cada um desses textos, acompanhados por uma breve explicação:

Livro de Daniel:

> Há vinte e um dias que o chefe do reino Pérsia combate comigo, mas Miguel, um dos primeiros chefes, veio me ajudar (Dn 10,13).
> Mas vou anunciar-te o que está escrito no livro da verdade. Ninguém me ajuda na guerra contra eles a não ser Miguel, vosso chefe (Dn 10,21).
> Naquele dia vai prevalecer Miguel, o grande comandante, sempre de pé ao lado do teu povo (Dn 12,1).

O livro do profeta Daniel está situado em meados dos anos 160 antes da Era Cristã. Nosso interesse está na narração de Daniel sobre as diversas guerras que devastaram o povo de Israel.

Nesse contexto, Daniel tem uma visão, narrada no capítulo 10. Nos versículos 5 e 6, Daniel vê

> [...] um homem vestido de linho e tendo na cintura um cordão de ouro puro. Seu corpo parecia de pedra preciosa, o rosto era um relâmpago, os olhos, lâmpadas acesas, braços e pernas tinham o brilho do bronze polido. Sua voz parecia o grito de uma multidão (Dn 10,5-6).

---

[2] Segue uma sequência de trechos de meu primeiro livro *São Miguel Arcanjo, defendei-nos no combate*, publicado pela Editora Santuário, em 2022.

Mais à frente, no versículo 19, ele se refere a esse homem como "meu Senhor".

Claramente, nessa visão, Daniel está na presença de Deus ou de um ser divino. Pois bem, é esse "homem esplendoroso" que fala para Daniel sobre Miguel, um dos primeiros chefes do exército, que o ajudará na guerra.

E, saltando para o capítulo 12, porém ainda dentro da visão, o mesmo homem diz a Daniel que Miguel vai prevalecer, que ele é o grande comandante, e que sempre está prontamente, ou seja, de pé, ao lado do seu povo.

Pois bem, meus irmãos, essa visão de Daniel nos faz compreender que Miguel, o Arcanjo Miguel, enviado de Deus, luta a nosso favor nas batalhas que querem nos destruir. E que ele é o chefe do exército do Senhor, o grande comandante.

Para nos manter ainda no Antigo Testamento, gostaria de partilhar com vocês outro texto que, apesar de não falar diretamente de São Miguel Arcanjo, nos faz lembrar dele. Trata-se do relato de Josué no capítulo 5, versículos 13 ao 16:

> Nos arredores da cidade de Jericó, Josué levantou os olhos e viu diante de si um homem de pé, com uma espada desembainhada na mão. Josué foi até ele e perguntou: "Tu és dos nossos ou dos inimigos?" Ele respondeu: "Não! Eu sou o chefe do exército do Senhor, eu acabo de chegar". Então Josué prostrou-se com o rosto por terra e o adorou. Depois perguntou-lhe: "O que diz meu senhor a seu servo?" O chefe do exército do Senhor respondeu a Josué: "Tira as sandálias dos pés, pois o lugar em que pisas é sagrado". E Josué fez o que lhe fora ordenado (Js 5,13-16).

Apesar de o texto não citar o nome de São Miguel Arcanjo, a descrição desse homem de pé com uma espada desembainhada na mão, e se autoproclamando o chefe do exército do Senhor, nos faz entender que o próprio São Miguel Arcanjo esteve com Josué, ajudando-o no cerco de Jericó.

Assim, no Antigo Testamento temos duas menções a São Miguel Arcanjo como guerreiro e defensor do povo de Deus: uma citação direta no livro de Daniel (em três versículos), e outra citação indireta, no livro de Josué.

Continuando nossa busca por São Miguel Arcanjo na Sagrada Escritura, no Novo Testamento temos dois textos que também fazem referência direta ao nosso arcanjo em estudo.

Temos um pequeno livro no final do Novo Testamento, antes do livro do Apocalipse, a carta de Judas, aquele apóstolo também chamado de Tadeu. Neste livro, de apenas um capítulo, no versículo 9 está escrito:

> No entanto, o Arcanjo Miguel, quando estava disputando com o diabo o corpo de Moisés, não se atreveu a lançar-lhe em rosto uma invectiva injuriosa; mas apenas disse: O Senhor te repreenda! (Jd 9).

A Igreja compreendeu nesse texto que a missão de São Miguel Arcanjo de defender o povo de Deus não se dá somente no momento da vida terrena, mas também na hora da morte, lutando contra o demônio, para nos conduzir a Deus.

Por isso a tradição atribui a São Miguel Arcanjo a missão de "pesador das almas", ou seja, ele nos defende na hora de nossa morte e pesa na balança divina nossa alma para nos conduzir a Deus. Assim, algumas imagens de São Miguel Arcanjo o trazem segurando uma balança.

Outra citação indireta sobre São Miguel Arcanjo está na primeira carta de São Paulo aos Tessalonicenses, capítulo 4, versículo 16. Diz o Apóstolo:

> Pois o Senhor mesmo, à voz do Arcanjo e ao som da trombeta de Deus, descerá do céu. E então ressuscitarão, em primeiro lugar, os que morreram em Cristo (1Ts 4,16).

Por fim, no livro do Apocalipse, o apóstolo João descreve a batalha entre os anjos e os demônios, e como o Arcanjo Miguel venceu Satanás e o expulsou para a terra:

> Houve então uma batalha no céu: Miguel e seus anjos guerrearam contra o Dragão. O Dragão lutou, juntamente com seus anjos, mas foi derrotado; e eles perderam seu lugar no céu (Ap 12,7-8).

Procurando também respaldo no Magistério da Igreja, citemos alguns papas que ao longo da história buscaram refúgio em São Miguel Arcanjo ou recordaram a Igreja sobre a importância de nos confiarmos a ele.

O Papa Leão XIII tornou-se um símbolo de devoção a São Miguel Arcanjo por ter introduzido sua oração no final das missas a partir de 29 de setembro de 1891. A oração ficou conhecida como o "Pequeno exorcismo de Leão XIII". Trata-se da oração que nós rezamos no início deste capítulo!

O Padre Domenico Pechinino, relatou o seguinte:

> Numa manhã, o Sumo Pontífice Leão XIII tinha celebrado a Santa Missa e estava assistindo a outra, de agradecimento, como era habitual. Logo, eu o vi levantar energicamente a cabeça e, em seguida, olhar algo por cima do celebrante. Olhava fixamente, sem piscar, mas com ar de terror e de espanto, desfigurado. Algo estranho, grande, ocorria com ele [...] Finalmente, como voltando em si, com um rápido mas enérgico gesto, levantou-se e foi ao seu escritório particular. Foi-lhe perguntado: "Santo Padre, não se sente bem? Precisa de alguma coisa?". Ele respondeu que não. Depois de meia hora, chamou o secretário da Congregação dos Ritos e, entregando-lhe uma folha, mandou imprimi-la e enviá-la a todos os bispos diocesanos do mundo.[3]

---

[3] ACIDIGITAL. Esta é a verdadeira história da oração a São Miguel Arcanjo do Papa Leão XIII. 2020. Disponível em: https://www.acidigital.com/noticias/esta-e-a-verdadeira-historia-da-oracao-a-sao-miguel-arcanjo-do-papa-leao-xiii-17991. Acesso em: 7 jul. 2023.

Tratava-se da oração que rezamos por muito anos ao final das Santas Missas junto com o povo, com a súplica à Maria e a ardorosa invocação ao príncipe das milícias celestes, implorando a Deus que volte a lançar Satanás ao inferno.

A oração de São Miguel se acrescentou, em 1886, às outras "orações leoninas" que o Santo Padre havia mandado recitar desde 1884.

Outro papa da Igreja, São Pio X, disse, em 18 de setembro de 1903:

> Deus, na primeira luta, venceu, servindo-se do Arcanjo São Miguel; devemos, portanto, acreditar firmemente que a luta atual terminará como outrora, com o socorro e ajuda deste Arcanjo bendito.

Em um discurso durante a bênção da estátua restaurada de São Miguel Arcanjo, no Castel Sant'Angelo, em 29 de setembro de 1986, o Papa São João Paulo II disse o seguinte:

> É com muita alegria que estou aqui, no dia da festa dos santos arcanjos Miguel, Gabriel e Rafael, por esta celebração significativa do retorno da famosa estátua de São Miguel Arcanjo no topo deste castelo, que leva seu nome. A evidência histórica de um culto prestado neste lugar ao arcanjo Miguel nos leva muito para trás no tempo. Informações confiáveis atestam a existência, já desde a época do Papa Bonifácio IV [início dos anos 600], de uma capela dedicada ao seu culto e localizada na parte superior deste edifício. A intenção era, obviamente, confiar a cidade à proteção deste arcanjo, em quem o povo de Israel já via um guia seguro e que a Igreja de Cristo, a nova família de Deus, pudesse, portanto, continuar a invocar como um guardião celestial.

No entanto, sua principal fala sobre São Miguel Arcanjo se deu no dia 24 de maio de 1987, ao visitar o Santuário de São Miguel Arcanjo, no Monte Gargano, na Itália.

Já em 2007, na Festa dos Arcanjos, o Papa Bento XVI, em sua homilia, disse:

> Sobre Miguel. Encontramo-lo na Sagrada Escritura, sobretudo no Livro de Daniel, na Carta do Apóstolo São Judas Tadeu e no Apocalipse. Deste Arcanjo tornam-se evidentes nestes textos duas funções. Ele defende a causa da unicidade de Deus contra a soberba do dragão, da "serpente antiga", como diz João. É a perene tentativa da serpente de fazer crer aos homens que Deus deve desaparecer, para que eles se possam tornar grandes; que Deus é um obstáculo para a nossa liberdade e que por isso devemos desfazer-nos dele. Mas o dragão não acusa só Deus. O Apocalipse chama-o também "o acusador dos nossos irmãos, que os acusava de dia e de noite diante de Deus" (12,10). [...] A outra função de Miguel, segundo a Escritura, é a de protetor do Povo de Deus (cf. Dn 10,13; 12,1).

E em 29 de setembro de 2017, na Festa dos Arcanjos, em sua meditação matutina na Santa Missa celebrada na Capela da Casa Santa Marta, o Papa Francisco iniciou sua homilia falando sobre São Miguel Arcanjo, a partir de Apocalipse 12. Disse ele:

> "Miguel — o grande Miguel — aquele que combate o demônio". O demônio, disse o Papa, é o nosso inimigo e esta é uma visão do fim do mundo, mas ao mesmo tempo incômoda na nossa vida: procura sempre seduzir-nos. "E Miguel combate contra ele. O Senhor pede-lhe para lhe fazer a guerra... para nós que estamos a caminho, nessa nossa terra, rumo ao céu, Miguel ajuda-nos a combatê-lo, a não nos deixar seduzir por este espírito maligno que nos engana com a sedução. Precisamente por esta razão hoje agradeçamos São Miguel esta luta que faz pela Igreja e por cada um de nós, e peçamos-lhe que continue a defender-nos".

2

COMO PODEMOS ENTENDER OS MILAGRES

Jesus de Nazaré foi ungido por Deus com o Espírito Santo e com poder. Por toda a parte, Ele andou fazendo o bem e curando a todos os que estavam dominados pelo diabo (At 10,38-39).

Jesus Cristo passou pelo mundo fazendo o bem. Enquanto esteve entre nós, Ele realizou milagres e prodígios... Fez o cego enxergar, o paralítico andar, curou o leproso, o epilético, ressuscitou mortos.

A palavra "milagre" significa justamente isso: um fato extraordinário, inexplicável, que desperta admiração.

Os milagres sempre existiram na vida do povo de Deus. Antes da encarnação do Verbo, Deus já manifestava seus prodígios entre o povo eleito. Lembremo-nos da fuga do Egito quando o povo hebreu atravessou o Mar Vermelho a pé enxuto. Ou no deserto, quando Deus fez cair o maná do céu, fez a água brotar da rocha, salvou o povo das mãos dos inimigos. Lembremo-nos ainda de tantos prodígios por meio dos patriarcas e dos profetas.

Nosso Deus é um Deus de milagres e de prodígios. Ele nunca desassistiu o Seu povo!

Mas é importante entendermos que Deus não se encarnou entre nós para realizar milagres em nossas vidas. Ele veio até nós para nos oferecer a salvação. E esse é o maior presente que

Ele pode nos oferecer: a vida eterna. Sim, a vontade de Deus para nós é a nossa salvação!

Assim, é importante olhar para a vida de uma forma mais mística, entendendo que ela em si já é um milagre. E que ao longo da nossa vida, muitos milagres, pequenos e cotidianos, acontecem conosco. Basta abrimos os nossos olhos a partir de fé!

O Catecismo da Igreja Católica, no parágrafo 548, nos diz:

> Os sinais realizados por Jesus testemunham que o Pai O enviou. Convidam a crer n'Ele. Aos que se Lhe dirigem com fé, concede-lhes o que pedem. Assim, os milagres fortificam a fé n'Aquele que faz as obras do seu Pai: testemunham que Ele é o Filho de Deus. Mas também podem ser "ocasião de queda". Eles não pretendem satisfazer a curiosidade nem desejos mágicos. Apesar de os seus milagres serem tão evidentes, Jesus é rejeitado por alguns; chega mesmo a ser acusado de agir pelo poder dos demônios.

Por isso, faz-se fundamental também entendermos que Deus não nos dá o que queremos, mas o que necessitamos. E que Ele não é obrigado a nos dar nada, pois já nos deu tudo.

Assim contemplamos a realidade dos milagres como uma realidade de mistério. Não compete a nós definir aquilo que Deus irá realizar. Ele sabe além da nossa compreensão. Por isso, cabe a nós o abandono da fé... Pedir, com insistência, sabendo acolher o tempo e a vontade de Deus.

No Angelus de 8 de julho de 2012, o Papa Bento XVI disse: "os milagres de Cristo não são uma exibição de poder, mas sinais de amor de Deus, que se realiza onde encontra a fé do homem na reciprocidade".[4]

Mas tem um dado importante que é preciso ressaltar. O próprio Jesus disse que os seus discípulos fariam obras ainda

---

[4] PAPA BENTO XVI. Angelus. Castel Gandolfo Domingo, 8 de julho de 2012. Disponível em: https://www.vatican.va/content/benedict-xvi/pt/angelus/2012/documents/hf_ben-xvi_ang_20120708.html. Acesso em: 06 jul. 2023.

maiores que as dele. Por isso, já na Igreja nascente vemos milagres acontecendo por meio de Pedro e de Paulo. E ao longo da história do cristianismo, muitas pessoas alcançaram graças e milagres da parte de Deus, pela mediação dos santos.

Sim, os santos são nossos intercessores. Eles levam a Deus os nossos pedidos e de forma especial intercedem para que Deus manifeste a Sua vontade em nossas vidas. Por isso é tão importante contarmos com a ajuda deles.

O Catecismo da Igreja Católica nos diz sobre a intercessão dos Santos:

> Pelo fato de os habitantes do Céu estarem unidos mais intimamente com Cristo, consolidam com mais firmeza na santidade toda a Igreja. Eles não deixam de interceder por nós ao Pai, apresentando os méritos que alcançaram na terra pelo único mediador de Deus e dos homens, Cristo Jesus. Por conseguinte, pela fraterna solicitude deles, nossa fraqueza recebe o mais valioso auxílio.5

Mas o que pensar sobre a intercessão dos anjos? O mesmo Catecismo, nos parágrafos 334 e 336, nos diz que a Igreja "se beneficia da ajuda misteriosa e poderosa dos anjos", e que desde o início até a morte, a vida humana é cercada pela proteção e intercessão dos anjos.

Por isso, em nossa pequenez, nos cabe confiar, pedir e esperar. Eu já te contei sobre a manifestação de Deus na vida da dona Marisa, por meio da mediação do Arcanjo Miguel. Agora eu quero te contar outras histórias, sejam do passado distante, sejam mais próximas de nós, para que, mediante cada uma delas, possamos renovar a nossa confiança em Deus e em São Miguel Arcanjo.

---

[5] CIC, n. 956.

3

A BATALHA DA PONTE MÍLVIA

Naquele dia vai prevalecer Miguel, o grande comandante, sempre de pé ao lado do teu povo. Será hora de grandes apertos, tais como jamais houve, desde que as nações começaram a existir até o tempo atual. Só escapará, então, quem for do teu povo, quem tiver seu nome inscrito no livro (Dn 12,1).

Constantino é um personagem importante para a história do Cristianismo, pois, por meio dele, nossa religião, que era perseguida, passou a ser aceita pelo Império Romano, tornando-se, inclusive, a religião oficial deste Império.

São muitas as histórias sobre a conversão de Constantino. E uma dessas histórias diz respeito a São Miguel Arcanjo.

Estamos aproximadamente em outubro de 311. À frente de seus 40 mil guerreiros, o imperador Flavius Valerius Aurelius Constantinus, mais conhecido como Constantino, o Grande, avança, a partir da Gália (França) sobre as posições de Marcus Aurelius Valerius Maxentius Augustus, que está em Roma, de onde, há cinco anos, usurpa o poder e tenta tomar seu trono.

Podemos imaginar que enquanto lida com as rédeas do cavalo, Constantino reflete sobre a história dele e a de seu inimigo, que também é seu cunhado.

Cresceram no mesmo ambiente, na corte do imperador Diocleciano, que foi quem dividiu, em 293, o Império Romano em dois – o do Ocidente e o do Oriente. Era tão imenso que somente um governante não dava conta.

Cada um deles seria governado por dois indicados pelos "deuses". Um "Augusto", o governante principal, e um "César", uma espécie de vice-imperador.

Diocleciano entrega a Maximiano, pai de Maxêncio, o posto de "Augusto" do Ocidente, e a Constâncio Cloro, pai de Constantino, o de "César" de Maximiano. Até aí, tudo bem.

A confusão começou quando Maximiano, pressionado por Diocleciano, abdica do trono, em 305. Constâncio Cloro assume seu lugar como o novo "Augusto", mas morre no ano seguinte. Seu filho, Constantino, é aclamado como seu substituto, sob protestos veementes de Maxêncio.

Ele não fica apenas nos protestos. Organiza um exército, chama seu pai de volta e se proclama imperador da Itália.

Além de dividir o Império em duas partes, Diocleciano moveu intensa perseguição aos cristãos. No outono de 302, em Antioquia, mandou cortar a língua do diácono Romão de Cesareia por desafiar ordens da Corte e interromper rituais de sacrifício aos deuses.

Ficou célebre a sua discussão com o "Augusto" Galério, na passagem de 302 para 303. Diocleciano dizia que bastaria apenas afastar os cristãos da burocracia e das questões militares do império para satisfazer aos deuses; Galério defendia o extermínio total. Para dirimir a dúvida, foram consultar o oráculo de Apolo, em Dídimos.

"Os ímpios", respondeu o oráculo, "impedem Apolo de dar conselhos". O imperador entendeu que os "ímpios" eram os cristãos. Em 23 de fevereiro de 303, mandou destruir uma igreja recém-construída na cidade de Nicomédia. Todos os manuscritos foram queimados.

No dia seguinte, publicou seu primeiro "Édito contra os cristãos". Os cultos foram proibidos. Todos os textos sagrados deveriam ser incinerados.

Quando um incêndio destruiu parte do palácio imperial, Galério convenceu Diocleciano de que foi provocado por cristãos em conluio com três eunucos do palácio. Uma investigação não encontrou provas, mas os eunucos Doroteu e Gorgônio foram executados, e Pedro Cabiculário, jogado vivo num caldeirão de água fervendo.

As execuções continuaram até 24 de abril de 303. Nesse dia, seis cristãos, inclusive um padre chamado Antimo, foram decapitados.

Outros éditos foram emitidos, ordenando prisão de clérigos e atos de sacrifício.

Em 310 Maximiano volta aos seus tempos de "Augusto", em socorro do filho. Ataca o exército de Constantino, na Gália. É derrotado. O genro manda prendê-lo. Em circunstâncias nebulosas, Maximiano é encontrado morto na masmorra. Maxêncio acusa Constantino. E promete vingança. "É por meu pai", proclama.

Todos esses episódios passam na cabeça de Constantino enquanto adentra o Norte da Itália, em direção a Roma. As batalhas se sucedem.

Encontra resistência em Segúsio (atual Susa), mas consegue avançar. Em novo combate, em Augusta dos Taurinos (atual Turim), alcança mais uma vitória militar.

Estaciona as tropas em Mediolano (hoje Milão). Está, supostamente, em terras dominadas por Maxêncio, mas resolve e consegue ficar por ali uma boa temporada, vários meses, sem ser molestado.

Maxêncio concentra o grosso das tropas em Roma. É onde espera surpreender Constantino. Ele precisa derrotar o cunhado mais do que nunca. Sua popularidade está em franco declínio. É alvo de zombarias. Os romanos preferem Constantino. "Ele é invencível", proclamam em praça pública.

Orientado pelos "deuses". Maxêncio ordena destruir todas as pontes sobre o Rio Tibre que dão acesso a Roma para quem vem pela Via Flamínia, como o exército de Constantino.

Organiza um acampamento de suas tropas próximo à Ponte Mílvia, a única que ficou, à espera do cunhado. E ordena a construção de uma ponte flutuante, de madeira, dividida em duas partes, que se unem na parte central para serem removidas, caso o inimigo tente passar.

Maxêncio está tranquilo. Tem o dobro das tropas de Constantino. A vitória era garantida.

No início do inverno, outubro de 312, Constantino move as tropas de Mediolano (Milão) até Bríxia (Bréscia), e se aproxima rapidamente de Roma. Certo dia, exatamente ao meio-dia, quando está a poucos quilômetros do objetivo final, algo estranho acontece. Estranho e maravilhoso. Um ser humano com asas, com mais ou menos a sua altura, aparece na sua frente. Parece um anjo. Nada a ver com "deuses".

O anjo não diz nada. Em completo silêncio, pede que o imperador olhe para o céu. O sol está no seu ápice e, no entanto, destaca-se sobre as nuvens uma enorme cruz que flutua num resplendor de intensa luz, mais forte que os raios solares.

É um momento incrível. Acima da cruz pairam duas letras do alfabeto grego. E uma frase: "Sob o sinal vencerás".

O imperador desvia o olhar do céu para o inesperado visitante, em busca de alguma explicação. Mas ele não está mais lá. Desapareceu tão misteriosamente quanto apareceu.

À noite, o anjo volta a procurar Constantino, desta vez num sonho.

"As letras são as duas primeiras letras do nome de Jesus Cristo", diz o anjo, "as quais devem ser colocadas nos escudos dos soldados no lugar da águia, ao lado do símbolo sagrado, e também num estandarte que você deverá levar e assim a vitória será sua".

Constantino acorda sobressaltado. Vive no mundo dos oráculos e não dos anjos. Precisa vencer, mas uma dúvida o atormenta: os "deuses" não vão ficar furiosos se ele obedecer à outra divindade?

As tropas de Maxêncio estão organizadas em longas filas de frente para o campo de batalha e de costas para o rio Tibre. Paradas. Aguardam o inimigo.

Após avistar uma grande quantidade de corujas em voo, Constantino, imponente em seu cavalo, estandarte com a cruz na mão, dá o sinal para o ataque. Nos escudos, as letras de Jesus Cristo brilham a ponto de cegar quem estiver na frente.

A sua cavalaria é a primeira a avançar. É o início do massacre. A infantaria ataca a seguir. Encurrala os defensores do autoproclamado imperador da Itália. Muitos homens de Maxêncio caem no rio depois de trespassados por lanças, outros morrem afogados.

É inacreditável. A diferença do tamanho de tropas, que favorece Maxêncio, parece estar do lado de Constantino.

Em poucas horas começa a retirada. A fuga é desordenada, caótica. O próprio Maxêncio tenta safar-se, mas é derrubado no Tibre, com cavalo e tudo, em meio ao tumulto, da sua ponte flutuante. É o fim do seu reinado e da sua vida.

Constantino entra em Roma exibindo o estandarte com a cruz. Aqui e ali pipocam comentários de espanto. Os cidadãos romanos não entendem como ele conseguiu derrotar um exército maior que o seu em tão pouco tempo. Milagre. Só pode ser milagre.

Em reconhecimento à ajuda divina na Batalha da Ponte Mílvia, Constantino assina decreto que acaba com a perseguição aos cristãos em todo o Império depois de 300 anos.

O historiador Nicéforo afirma que essa não foi a única aparição do arcanjo a Constantino.

No segundo encontro, o arcanjo enfatiza a importância da ajuda que deu ao imperador.

Constantino constrói uma nova capital do Império do Oriente, no lugar da antiga Bizâncio, dedicada a Nosso Senhor Jesus Cristo: "a vós, oh, Cristo Deus, eu dedico esta cidade", manda escrever na placa de fundação. É a futura Constantinopla.

São Miguel aparece a Constantino, dizendo que o havia favorecido nas vitórias e pedindo que construísse um grandioso templo, que se tornaria famoso pelos milagres. E no local onde o arcanjo apareceu pela primeira vez, ergue um suntuoso templo. A aliança com São Miguel Arcanjo está solidificada.

Na terceira aparição, o arcanjo lhe diz:

> Eu sou Miguel, chefe das milícias angélicas do Deus dos exércitos, defensor e protetor da fé de Cristo, eu te protejo com a minha ajuda na guerra que tu empreendes contra os tiranos ímpios. A ajuda dos meus exércitos foi-te dada.

Depois da Batalha da Ponte Mílvia, nem o Império Romano, nem Constantino foram mais os mesmos.

Em 313, ele reconheceu o cristianismo como religião e não como delito; promulgou uma lei que protegia os sacerdotes cristãos contra insultos dos hereges; proibiu que os senhores matassem seus escravos; puniu o adultério e o concubinato; extinguiu o suplício da cruz e interditou as lutas de gladiadores, dentre outras medidas inspiradas nas palavras de Cristo.

Além de não perseguir, não tolerou mais quem perseguisse cristãos. Em 324 derrubou Licínio, o outro "Augusto", a quem declarou guerra por aplicar contra cristãos os éditos infames do imperador Diocleciano.

E se tornou o único governante de todo o Império Romano.

Sob o sinal, ele venceu.

4

DOM LORENZO E O CULTO NO MONTE GARGANO

Ouça-te o Senhor no dia da provação, proteja-te o nome do Deus de Jacó. Do seu santuário te mande auxílio e de Sião te sustente. Lembre-se de todos os teus sacrifícios e aceite os teus holocaustos (Sl 20,2-4).

Sempre que escutamos o relato da aparição de São Miguel Arcanjo no Monte Gargano, nos referimos primeiramente à história do touro e do senhor Gargano, seguida das histórias da guerra, da consagração da gruta e da peste. Mas eu gostaria de contar esse relato a partir de outra perspectiva.

De acordo com a tradição, certo dia, no ano 490, Dom Lorenzo Maiorano, bispo recém-ordenado da Manfredônia, da região da Apúlia, com apenas 33 anos de idade, recebeu em sua casa um cidadão chamado Elvio Emanuele Gargano, acompanhado por uma comitiva. Mal sabia o bispo que aquele encontro marcaria a sua vida para sempre.

O Sr. Gargano, ainda estava sob o efeito da cena fantástica que testemunhou, demonstrava nos gestos, nas expressões e nas palavras, desconforto, espanto e temor. Desconhecia se o que presenciou foi dádiva ou castigo. Se era sinal de alguma coisa boa ou ruim.

Dom Lorenzo o ouviu com muita atenção, acolhendo cada palavra.

Ele relatou que há alguns dias, estava às voltas com sua

tarefa diária, cuidando de seu gado. Lá pelas tantas, na hora de se retirar, deu por falta de um dos touros.

"Não descansei nem um minuto depois de perceber sua falta", prosseguiu. "Percorri o Monte, que está nas minhas terras. Foram as horas mais difíceis da minha vida. Quando já estava a um passo de perder as esperanças de achar o animal com vida, resolvi me aproximar de uma gruta, cuja existência não tinha notado. Lá estava, na entrada dessa caverna escavada na parede rochosa, o touro perdido, como que ajoelhado e imóvel. Fizemos diversas tentativas para removê-lo, mas ele parecia preso ao chão. Já irritado e cansado, decidi sacrificá-lo. Disparei uma flecha mirando o seu coração. O senhor poderá pensar que é soberba, mas não é, sou excelente no manejo do arco e flecha. Não é meu hábito errar o alvo. Dessa vez, porém, alguma coisa aconteceu. A flecha não obedeceu ao trajeto predeterminado. Pasme o senhor, ela desviou do animal e veio em minha direção, me atingiu e me feriu".

Dom Lorenzo Maiorano não conseguiu esconder a sua surpresa ou até incredulidade. Mas deixou o pastor prosseguir.

"A flecha me feriu, eu comecei a sangrar. Se não fossem meus companheiros, que me levaram imediatamente à minha casa, não sei se resistiria aos ferimentos. Todos viram o sangue jorrando da minha perna. Como isso pôde acontecer? O que isso quer dizer? O que devo fazer?".

Não era só ele. Todos os cidadãos de Siponto estavam intrigados. Para muitos deles aquilo foi um castigo divino, nem tão grande assim, mas prenúncio de um castigo maior que estaria por vir. Para outros, seria um sinal de Deus, como a dizer que aquele era um monte santo.

Depois de uma breve reflexão, Dom Lorenzo Maiorano ordenou toda a população a rezar e a jejuar por três dias, para receber, de Deus, a graça de conhecer o significado daquele prodígio.

Ao anoitecer do terceiro dia, enquanto estava absorto em suas orações, o bispo de repente se viu frente a frente com um anjo mais esplendoroso que o sol, que iluminou o ambiente e explicou por que a flecha ricocheteou e se voltou contra o atirador na gruta do Monte:

"Eu sou o Arcanjo Miguel, autor do caso da flecha. Desejo que aquele lugar seja venerado em toda a terra e seja privilegiado. Quis provar com esse acontecimento misterioso que tudo o que acontece naquela gruta acontece por vontade divina. Deus me constituiu protetor e defensor desse lugar".

Na manhã seguinte, o bispo, emocionado, revelou a mensagem celestial aos moradores de Siponto. As reações foram de alívio e de júbilo. Não se confirmaram as suspeitas de que foram castigados em razão de seus pecados. Muitos se jogaram no chão e, de joelhos, agradeceram ao Todo-Poderoso.

O tempo passou, e em 492 aconteceu um episódio que culminou no segundo milagre e aparição de São Miguel Arcanjo ao bispo Dom Lorenzo. Os bizantinos travaram uma guerra contra os sipontinos e os longobardos. No dia 25 de setembro de 492, um mensageiro dos inimigos anunciou o *ultimatum*: ou se rendem e entregam o povoado ou o banho de sangue irá acontecer. Dom Lorenzo Maiorano pediu uma trégua de três dias, que foi concedida.

"Três dias de jejum e orações", ordenou aos moradores apavorados. Queria ganhar tempo para pensar numa saída.

Ao nascer do dia 29 de setembro, uma sexta-feira, ele estava em oração quando São Miguel Arcanjo apareceu para ele e lhe garantiu a vitória. O que de fato aconteceu.

O terceiro milagre de São Miguel Arcanjo testemunhado por Dom Lorenzo se deu em 493. Faziam três anos da primeira aparição e Dom Lorenzo Maiorano ainda não estava seguro se aquela gruta deveria ser consagrada, pois não era bem uma Igreja e não favorecia tanto o culto sagrado.

Foi então que São Miguel Arcanjo apareceu para ele e lhe disse que a gruta já estava consagrada, que o próprio arcanjo havia consagrado aquele lugar, e que, portanto, era somente entrar e iniciar o culto.

Ainda sem compreender bem a mensagem de São Miguel Arcanjo, o bispo organizou uma procissão com os bispos da região, o clero e todo o povo. Era um dia quente e fazia muito sol, a ponto de castigar quem caminhava em direção à gruta.

A certa altura, em meio à caminhada, um espetáculo inesperado maravilhou a todos. "Vejam isto!", exclamou Dom Lorenzo. Quatro águias, em voo baixo, passaram a acompanhar a procissão, produzindo uma sombra refrescante sobre os peregrinos.

Todos se perguntavam sobre o que estava acontecendo. Dom Lorenzo respondeu: "O Arcanjo mandou essas águias para nos refrescar a todos".

Segundo a tradição, "o bispo subiu à montanha à frente de sete bispos, do clero e de toda a população. Uma vez juntos na Gruta, encontraram a pegada de um pé impressa na rocha e um altar em pedra coberto com um pano vermelho: estas, os sinais simples, do único santuário consagrado não por mãos humanas, apenas esperando que o povo de Deus lhe celebrasse a Santa Missa".[6]

A partir de então, a cidade entrou na rota das peregrinações. Os moradores de Siponto traziam grande gratidão em seus corações por toda docilidade de Dom Lorenzo aos apelos do Arcanjo Miguel.

---

[6] TECU USEI, Museus dos Tesouros do Culto Micaélico, p. 13, versão em português. Basílica do Santuário de São Miguel Arcanjo. Itália.

Os peregrinos reverenciavam o bispo como aquele que viu e ouviu São Miguel Arcanjo.

Dom Lorenzo morreu em Siponto em 7 de fevereiro de 545, com cerca de 105 anos. E se imortalizou como santo, São Lorenzo Maiorano, sendo lembrado por todos com muito carinho.

Na homilia do Arcebispo Dom Franco Moscone, por ocasião da Festa de São Lorenzo, em 7 de fevereiro de 2023, são claros o respeito e o carinho do povo daquela região por aquele escolhido por Deus, mas também escolhido por São Miguel Arcanjo:

> Bem, há mais de dezesseis séculos, nossa querida e bela cidade de Manfredônia, anteriormente Siponto, nunca deixou de comemorar seu santo bispo e concidadão Lorenzo Maiorano, que reconhece testemunha-mártir da fé e fundador dos fundamentos da vida da cidade e da sociedade neste território maravilhoso por sua beleza natural e tradição cultural. É a São Lourenço que, entre os séculos V e VI, devemos a difusão do cristianismo no Gargano, as testemunhas das aparições do Arcanjo Miguel e a firme defesa da cidade contra o assalto do rei Tótila e dos bárbaros hordas. Lourenço encarnou no seu tempo, nesta cidade e neste território, o autêntico espírito das bem-aventuranças evangélicas (cf. Mt 5,3-12): rico de pobreza de espírito, consolou, testemunhou a misericórdia, desceu manso entre os violentos, desenvolveu a justiça, preservou o ambiente e as tradições e construiu a paz. Ele não tinha medo de perseguições, mal--entendidos e más línguas: ele era um autêntico defensor ecclesiae et civitatis. Ele é o nosso legado para continuar hoje aqui na Igreja e na cidade de Gargano. Inspirados por ele, devemos fazer nosso o modelo de crentes e cidadãos, que amam a sua Igreja e defendem a sua Cidade: porque Igreja e Cidade só podem caminhar juntas, aliadas pela justiça e pela promoção da humanidade.[7]

---

[7] DIOCESI MANFREDONIA. OMELIA-MESSAGGIO per la Festa di S. Lorenzo Maiorano 2023 padre Franco Moscone – arcivescovo. Disponível em: https://www.diocesimanfredonia.it/omelia-messaggio-per-la-festa-di-s-lorenzo-maiorano-2023/. Acesso em: 7 jul. 2023.

5

VAI SEM TEMOR, QUE COMBATEREI EM TEU FAVOR

Há vinte e um dias que o chefe do reino Pérsia combate comigo, mas Miguel, um dos primeiros chefes, veio me ajudar (Dn 10,13).

Se os fatos sobre a vida de Santa Joana D'Arc não estivessem escritos, dificilmente alguém acreditaria nessa história.

Há mais de 600 anos a humanidade se pergunta, perplexa, como foi possível uma garota de 17 anos, sem nenhuma experiência militar, comandar um exército, derrotar o inimigo e se tornar heroína e santa.

Para responder a essa questão, voltemos no tempo. Estamos em 1425, num pequeno vilarejo da França, chamado Domrémy, com cerca de 100 moradores.

Joana era uma menina do campo. Não sabia ler nem escrever. Seus pais eram camponeses abastados, conhecidos por viverem profundamente a fé cristã.

Sabemos pelos relatos de vida da própria Joana que aos 13 anos ela passou a ter experiências místicas. Ela começa a ouvir algumas vozes, atribuídas ao Arcanjo Miguel e às Santas Catarina de Alexandria e Margarida de Antioquia.

Disse o Papa Bento XVI:

> Das suas próprias palavras sabemos que a vida religiosa de Joana amadurece como experiência mística a partir da idade de 13 anos (PCon, I, pp. 47-48). Através da voz do arcanjo são Miguel, Joana

> sente-se chamada pelo Senhor a intensificar a sua vida cristã e também a comprometer-se pessoalmente pela libertação do seu povo. A sua resposta imediata, o seu "sim" é o voto de virgindade, com um novo compromisso na vida sacramental e na oração: participação quotidiana na Missa, Confissão e Comunhão frequentes, longos momentos de oração silenciosa diante do Crucifixo ou da imagem de Nossa Senhora. A compaixão e o compromisso da jovem camponesa francesa diante do sofrimento do seu povo tornam-se mais intensos graças à sua relação mística com Deus. Um dos aspectos mais originais da santidade desta jovem é precisamente este vínculo entre experiência mística e missão política. Depois dos anos de vida escondida e de amadurecimento interior segue-se o biénio breve, mas intenso, da sua vida pública: um ano de ação e um ano de paixão (PAPA BENTO XVI, 2011).[8]

A Inglaterra já ocupava metade do território francês desde o início do conflito, que seria conhecido como a Guerra dos Cem anos, em 1337. E não parava de sempre querer mais. Quando, em 1415, morre o rei Carlos VI, que governava a metade francesa da França, o rei inglês, Henrique V, impede o filho do francês de assumir. E coroa o próprio filho em seu lugar. A Inglaterra domina, dessa forma, todo o território francês. A pobreza assola a nação. O fantasma da fome ameaça as comunas.

Joana fica confusa. Ela é apenas uma menina. Não entende nada de guerra. Não tem militares na família. Tenta se desvencilhar das vozes, mas é inútil. "Ides e tudo será feito de acordo com as vossas vontades", insistem as vozes "do Céu", ao longo dos anos.

O que eram apenas insinuações e sugestões se transformam em ordens. As vozes tomam forma. Em meio a um manto de luz que chega a cegá-la, surge o arcanjo São Miguel, um ser alado imponente, com a espada na mão direita e o escudo na

[8] PAPA BENTO XVI. Audiência Geral, 26 de Janeiro de 2011. Disponível em: https://www.vatican.va/content/benedict-xvi/pt/audiences/2011/documents/hf_ben-xvi_aud_20110126.html. Acesso em: 7 jul. 2023.

esquerda. Indiferente aos protestos e lamentações de Joana, ele ordena que ela se apresente ao futuro rei Carlos VII para comandar seu exército e libertar a cidade de Orléans. "Vai sem temor, que combaterei em teu favor", diz o arcanjo.

Uma força irresistível a impulsiona rumo ao desconhecido. Nem os pais nem os irmãos são capazes de afastá-la do objetivo.

Aos 18 anos consegue uma audiência com Carlos VII, que só concordou em seguir seus conselhos quando percebeu que ela realmente tinha por trás de si o sinal de Deus, pois ela conversou com ele sobre assuntos que até então eram segredos militares e de Estado, desconhecido por todos.

Ela se tornou chefe do exército. Vestida com armadura de aço, Joana empunhava como única arma uma bandeira com a cruz e os nomes de Jesus e Maria nela bordados, chamando os comandantes à luta pela pátria e por Deus.

> Em 22 de Março de 1429, Joana dita uma importante carta ao Rei da Inglaterra e aos seus homens que assediam a cidade de Orléans. A sua proposta é de verdadeira paz na justiça entre os dois povos cristãos, à luz dos Nomes de Jesus e de Maria, mas é rejeitada, e Joana deve empenhar-se na luta pela libertação da cidade, que tem lugar no dia 8 de Maio. O outro momento culminante da sua obra é a coroação do Rei Carlos VII em Reims, no dia 17 de Julho de 1429. Durante um ano inteiro, Joana vive com os soldados, realizando no meio deles uma verdadeira missão de evangelização. São numerosos os testemunhos relativos à sua bondade, à sua coragem e à sua pureza extraordinária. É chamada por todos e ela mesma define-se "a donzela", ou seja, a virgem (PAPA BENTO XVI, 2011).[9]

Joana D'Arc nunca mais voltou à sua aldeia. Seu calvário foi iniciado em 1430, quando se tornou prisioneira de seus inimigos. O longo e dramático *Processo de Condenação* co-

---

[9] PAPA BENTO XVI. Audiência Geral, 26 de Janeiro de 2011. Disponível em: https://www.vatican.va/content/benedict-xvi/pt/audiences/2011/documents/hf_ben-xvi_aud_20110126.html. Acesso em: 7 jul. 2023.

meçou em fevereiro de 1431 e terminou em 30 de maio, com a fogueira, sendo erroneamente condenada como feiticeira, blasfema e herética.

No dia de seu martírio ela recebeu a comunhão e pediu ao sacerdote que mantivesse o crucificado diante de seus olhos. E assim ela morreu, contemplando Jesus Crucificado e pronunciando várias vezes o nome de Jesus.

Depois de 25 anos, o Papa Calisto III declarou nula sua condenação. Em 1909 foi beatificada por São Pio X. Foi canonizada em 1920 pelo Papa Bento XV, sendo proclamada padroeira da França.

> Senhor Deus, peço a Ti que afine os meus ouvidos para também ouvir as inspirações interiores que o Senhor mesmo suscita em mim; e Te peço também a força para cumprir com cada um dos Teus desígnios, a exemplo e pela intercessão de Santa Joana D'arc. E que, em cada luta, eu possa ter gravados em meu coração os nomes de Jesus e Maria. Assim seja!

Santa Joana d'Arc, rogai por nós!

6

AS DUAS MORTES DE DIEGO LÁZARO

Entrou no lugar onde estava a menina. Pegou a menina pela mão e disse-lhe: "Talitá cum!" (que quer dizer: "Menina, eu te digo, levanta-te"). A menina logo se levantou e começou a andar (Mc 5,40-42).

Existe no México um milagre muito interessante atribuído a São Miguel Arcanjo, que diz respeito a uma fonte de água milagrosa.

O fato está presente no livro *Narración de la maravillosa aparición que hizo el Arcángel San Miguel a Diego Lázaro de San Francisco*, de Padre Francisco de Florencia, jesuíta, além de amplamente divulgado na internet.

Segundo Padre Francisco, Diego Lázaro era um jovem índio, natural de São Francisco, povoado de São Barnabé Capula, situado na Freguesia de Santa María Nativitas, no norte do México. Certo dia ele caminhava lentamente, ao lado de outros devotos, por uma rua de terra batida, sob um sol abrasador.[10]

Era o dia da Festa de São Marcos, 25 de abril de 1631, e o jovem Diego manifestava sua fé de devoção pelas ruas do povoado.[11]

---

[10] Francisco De Florencia. *Narración de la maravillosa aparición que hizo el Arcángel San Miguel á Diego Lazaro de San Francisco:* Indio feligrés del Pueblo de S. Bernabé. Tip. del Colegio Pio de Artes y Oficios, 1898.

[11] David Ramos. Sabia que são Miguel Arcanjo apareceu no México?. *Acidigital*, 2023. Disponível em: https://www.acidigital.com/noticias/sabia-que-sao-miguel-arcanjo-

De repente, apareceu à sua frente um ser híbrido, com elementos humanos, como corpo, rosto, pernas e mãos e também não humanos, como belíssimas asas: "Hás de saber, meu filho", disse-lhe o estranho visitante, "que eu sou São Miguel Arcanjo e venho dizer-lhe que é vontade de Deus e minha que digas aos vizinhos desse povoado e de sua vizinhança, que num penhasco, nas proximidades do povoado, eles vão encontrar, debaixo de uma rocha muito grande, uma fonte de água milagrosa para todas as enfermidades. Não duvides do que digo, nem deixes de fazer o que mando".

Dito isso, desapareceu tão misteriosamente quanto surgiu.

Tomado pela perplexidade diante de acontecimento tão singular, que se ofereceu só a ele e mais a nenhum outro devoto da procissão, o jovem índio se pôs a pensar... Havia em seu coração medo, reverência, dúvida e admiração.

Sentiu-se profundamente honrado e grato. Não queria decepcionar nem deixar de atender ao pedido do Santo Arcanjo. Mas, por outro lado, tinha consciência de sua pequenez, de sua insignificância.

Afogado em sua própria humildade, sentiu-se incapaz de executar uma tarefa tão grandiosa. Duvidava de si mesmo. Ele pensava: *Quem vai acreditar no relato de um pobre índio de apenas 17 anos, sem estudo, que não sabe ler nem escrever?*

Voltou à casa onde morava com seus pais ainda com o coração saltando do peito, a fé renovada, mas disposto a guardar o segredo para sempre. Não contaria nada a ninguém, nem mesmo aos seus progenitores. Tratou de convencer a si mesmo de que aquilo não foi real.

Alguns dias depois, Diego Lázaro ficou doente, com uma desinteria gravíssima, da qual poucos índios escapavam.

-apareceu-no-mexico-87646. Acesso em: 7 jul. 2023.

O quadro se agravou a ponto de ter sido aplicada a ele a extrema unção. Estava às portas da morte e sem esperança alguma de sobreviver. Suava abundantemente por todos os poros. Não conseguia mover um músculo do corpo. Faltava-lhe energia até para falar.

Na madrugada do dia 8 de maio – dia que marca a aparição de São Miguel Arcanjo no Monte Gargano – em sua humilde casa, fez-se um intenso clarão, como se fosse o raio de um relâmpago. Assustados com o fenômeno nunca visto antes, todos fugiram, deixando o doente sozinho, que, por estar inconsciente, não se deu conta do perigo.

Depois de algum tempo, voltaram para ver os estragos, pois o aposento era todo de palha.

Encontraram todos os objetos intactos. Nada queimou. Diego Lázaro parecia ter recuperado a saúde. Os suores haviam cessado. Os olhos estavam abertos. O semblante apresentava cor de vida, em contraste com a palidez da morte. Recostado na cabeceira da cama, ele dirigiu-se aos presentes com estas palavras:

— Não se preocupem comigo, pois já estou totalmente curado. O glorioso Arcanjo São Miguel apareceu aqui, rodeado de grande esplendor e me levou junto com ele (não sei como) a um local aqui perto, por um caminho de tanta claridade que parecia meio-dia. Não posso afirmar se eu estava vivo ou morto. Se fui com meu corpo, ou só com minha alma. Iam em nossa companhia outros dois anjos. O arcanjo parou num determinado ponto e me disse: "aqui onde estou tocando com essa vara (era uma vara de ouro que levava na mão, com uma cruz na ponta), embaixo da terra, está aquela fonte de água sobre a qual lhe falei durante a procissão. Divulgue-a logo e não deixe de fazê-lo, como da outra vez, para não ser gravemente castigado. E saiba que a enfermidade que o acometeu foi uma pena pela sua desobediência". E assim que disse isso, se formou, do nada, um redemoinho assustador, acompanhado de grandes alaridos, gemidos e vozes que saíam dele e um tropel, como de pessoas que, em bando, fugiram dali. Fiquei muito assustado com aquilo. O Arcanjo me tranquilizou dizendo: "não tenhas medo, isso foi causado por demônios, inimigos seus, porque sabem dos grandes benefícios que, por minha intercessão, hão de receber os fiéis neste lugar de Nosso Senhor, porque muitos, vendo as maravilhas que vão acontecer, vão se converter e farão penitência de seus pecados e todos darão graças a Deus por sua misericórdia. E os que chegarem aqui com fé viva e dor de suas culpas, com a água e terra daquela fonte vão alcançar remédio para suas necessidades e vão confortar os enfermos". Havendo dito isso, desceu do céu uma luz de muito maior esplendor que a que envolvia o Santo Arcanjo, que banhou de claridade o local onde estava a fonte e então o Arcanjo me disse: "esta luz que você viu descer do céu é a virtude, que Deus, com sua divina providência transmite a essa fonte, para saúde dos enfermos e necessitados. Diga assim como te ordenei e para quem não acreditar você poderá mostrar a fonte".

A fonte, no entanto, não era visível. O arcanjo apenas indicou o local onde ela se encontrava, abaixo da superfície.

Havendo o arcanjo ordenado que contasse aos vizinhos o que ele havia visto, Diego Lázaro dirigiu-se ao Convento de Santa María Nativitas, a fim de obter permissão para tal.

Contou ao Padre Hernando Garcia Rendón tudo o que tinha acontecido, com todos os pormenores, como o arcanjo apareceu, como ele esteve à beira da morte (ou morreu) e foi curado (ou ressuscitado) e como foi conduzido (ou ele ou sua alma) até o local de uma fonte milagrosa pelo Príncipe dos Anjos.

Depois de ouvir atentamente o relato, o padre preferiu não

se manifestar. Lavou as mãos. Aconselhou o jovem devoto a procurar, na capital, Tlaxcala, a duas léguas do povoado, a Dom Gregorio, governador do Estado, que saberia melhor do que ele investigar a veracidade do estranho acontecimento.

Diego Lázaro foi a Tlaxcala. Frente a frente com o governador, contou novamente, em detalhes, o que tinha experimentado e que o padre de Santa María Nativitas o havia encaminhado a fim de o governador averiguar se o fato era verdadeiro ou falso.

O governador ouviu a sua história com olhar severo, desconfiado e asseverou que em havendo tantos clérigos e padres em Santa María Nativitas, soava inverossímil o fato de o arcanjo ter se encontrado não com eles, com quem teria mais afinidades, e sim com um índio desprezível.

Mandou-o voltar para casa, e prometeu fazer uma investigação a respeito. Quando concluída, lhe daria notícias.

Diego Lázaro deixou Tlaxcala temeroso, pensativo e confuso. Era este o governador tão estimado pela população e, sobretudo, pelos religiosos?

Logo que ele saiu do palácio, Dom Gregorio chamou o prefeito da capital e recomendou que, com toda a cautela e discrição, fosse a Santa María Nativitas perguntar aos vizinhos do distrito, inclusive aos moradores do Povoado de São Barnabé Capula, o que sabiam acerca da doença e repentina cura de Diego Lázaro, quais eram seus costumes e verificar se havia mesmo uma fonte milagrosa, como alegava, no local que indicou.

O prefeito, submisso a Dom Gregorio, viajou até São Barnabé Capula. Os mais antigos daquelas paragens lhe contaram que há muitos e muitos anos circulavam comentários a respeito de uma fonte ou poço próximo a uma colina, cujo nome era Tzopiloatl, que quer dizer "água" ou "Fonte de Tzopilotes", no mesmo local apontado por Diego Lázaro. Dela jorrava água natural e não milagrosa.

Tzopilotes são uma espécie de corvos, negros e feios que se aproveitavam dos efeitos da seca sobre o gado, que morria de sede frequentemente, sendo seus cadáveres atacados pelas aves que tratavam de comer o que restava de suas carnes, debulhando-as até os ossos.

A fim de matar a sede e se refrescarem, os Tzopilotes reuniam-se nessa fonte ou poço apontado equivocadamente como o revelado por Diego Lázaro. Daí deriva o nome que os índios lhe deram: Tzopiloatl – "lugar de Tzopilotes".

Eram águas na superfície da terra, e não no subterrâneo, eram imundas e mal cheirosas, e não puras e cristalinas, mas era tudo o que o governador queria ouvir.

Tomando as informações por verdades, mandou vir Diego Lázaro novamente.

Ele já o recebeu aos gritos de "cachorro" e de "embusteiro", sem lhe dar o mínimo direito de defesa e ainda ameaçou chicoteá-lo se voltasse a falar no assunto.

Diego Lázaro voltou para casa triste e aflito, mas não derrotado. Haveria de cumprir, custe o que custasse, a missão determinada pelo arcanjo. Instou seus pais e sua mulher a acompanharem-no até o local onde estaria a fonte tão benigna.

Enquanto caminhavam na trilha pela qual o arcanjo o guiou na noite em que praticamente o ressuscitou, Diego Lázaro revelou aos parentes novos detalhes daquele passeio mágico, que ele não sabe se fez vivo ou morto.

> As árvores moviam-se para a frente quando passávamos por elas, como querendo reverenciar o Arcanjo... a claridade que emanava do Arcanjo e dos anjos iluminava perfeitamente o caminho, como se fosse dia de sol, mas apenas à nossa volta.

Chegaram, finalmente, ao local que os mexicanos chamavam, antigamente Tzopiloatl, e, subindo um pouco mais, encontraram o ponto que o Arcanjo São Miguel apontou na terra com a vara de ouro, encimado por uma grande pedra, debaixo da qual estaria a fonte milagrosa.

Puseram-se os quatro a remover o obstáculo com todas as forças, mas em vão: seriam necessários cem homens, ao menos, tão pesada era a pedra.

Foi quando surgiu uma figura estranha, um ser humano com asas, que, sem se apresentar, indagou, com delicadeza:

— O que fazeis? Ou o que pretendeis fazer?

— Queremos remover essa pedra, debaixo da qual há uma fonte — respondeu Diego Lázaro.

— Eu vos ajudarei... sozinhos, não conseguireis.

O forasteiro divino, assim que encostou a mão, moveu facilmente a enorme pedra, que caiu penhasco abaixo, produzindo um enorme barulho.

Também sem se despedir, sumiu repentinamente, como se evaporasse. Diego Lázaro entendeu que seria um dos anjos que o acompanhou naquela noite.

Os quatro parentes entregaram-se à tarefa de cavar o mais fundo possível, utilizando as próprias mãos e as pás que tinham trazido.

A certa altura viram, maravilhados, a água, pura e cristalina. E então choraram, se abraçaram e agradeceram ao Arcanjo São Miguel.

A missão de Diego Lázaro, no entanto, estava longe de terminar.

Apesar da vitoriosa expedição que encontrou a fonte ou o poço milagroso, o milagre não estava reconhecido ainda, então o Arcanjo São Miguel apareceu para uma índia do Povoado de

San Andrés, que, devido a uma doença congênita, não conseguia andar. Nunca havia andado, desde que nasceu.

— Beba a água da fonte e ficará curada — disse-lhe o arcanjo.

A índia, que não conhecia Diego Lázaro, obedeceu à divina recomendação e logo depois deu os primeiros passos de sua vida.

A notícia da cura espalhou-se pela região. Diego Lázaro ficou sabendo e resolveu procurar a índia curada. Pediu-lhe para contar a sua história ao governador de Tlaxcala, que o chamara de "cachorro" e "embusteiro".

Ela era a prova concreta de que ele não tinha mentido. Se Dom Gregorio acreditasse nela, também acreditaria em Diego Lázaro e retiraria a acusação de mentiroso.

A índia, no entanto, ficou com medo. O governador não acreditou em Diego Lázaro, também não acreditaria nela.

Alguns dias depois, o arcanjo apareceu para outra índia, desenganada em razão do mesmo mal, que quase matou Diego Lázaro. Disse-lhe para tomar a água da fonte sagrada, o que ela fez e também ficou curada.

Procurada por Diego Lázaro, que tinha esperança de provar ao governador, por meio dela, que não era "cachorro" nem "embusteiro", reagiu como a primeira índia, temendo a vingança maligna do governador, e não atendeu ao pedido.

Abalado pela segunda recusa, ele recolheu-se em casa por mais de um ano. Durante esse tempo travou uma luta interior, entre sua descrença e sua fé. Só quebrou o confinamento voluntário para ir à Festa de San Diego, em Tlaxcala.

Enquanto participava da missa, de repente, sem perceber quem, nem como, sentiu que alguém o empurrou com toda a força, e o derrubou no chão. O incidente, proposital ou casual, foi tão grave que o impediu de continuar na celebração.

De volta à casa, seriamente machucado nas costas, sem conseguir se mexer, caiu, prostrado, na cama. Foi quando recebeu a terceira visita do Santo Arcanjo, que lhe disse:

— Como és tão covarde e negligente! Por que não fazes o que te recomendei? Queres que te castigue mais uma vez por sua desobediência? Apressa-te em fazer o que mandei.

A dor nas costas esvaiu-se por completo. Em perfeito estado de saúde, ele correu, sozinho, até à fonte, ou poço, onde encheu um cântaro com água e apanhou um punhado de terra.

A seguir, procurou Dom Gutierre Bernaldo de Quirós, bispo do Povoado de Los Angeles e lhe expôs tudo o que tinha acontecido desde a primeira aparição do arcanjo até então. Disse-lhe também que o procurava a fim de obter proteção contra as ameaças do governador de Tlaxcala, que ameaçou açoitá-lo se voltasse a tratar do assunto.

— Eis aqui a terra em que está e a água daquele poço, que trago para o senhor verificar se tudo o que estou dizendo é a pura verdade — disse o jovem índio.

Vendo o bispo a sinceridade com que o índio contou os fatos e a confiança que demonstrou ao lhe entregar a água e o punhado de terra, movido interiormente pelo Santo Arcanjo e talvez recordando-se que Nossa Senhora já havia aparecido nas colinas de Guadalupe e dos Remédios a outros índios, aos quais escolheu como instrumentos daqueles célebres santuários, não viu motivo para duvidar do relato, apesar de vir de um índio analfabeto. Confirmou, assim, a fama de ser um dos mais piedosos, afáveis e benignos sacerdotes que já teve a Igreja de Los Angeles.

No entanto, como as matérias de revelações e aparições pedem mais averiguações e exames, a fim de aprová-las ou não, ele despediu-se do índio dizendo que agradecia pela água e pela terra e que em pouco tempo lhe daria notícias.

Garantiu que poderia voltar ao seu povoado sem se preocupar com as ameaças do governador a ele, nem a seus pais, nem a nenhum de seus vizinhos.

Em razão do que Diego Lázaro e seus pais contavam aos conhecidos sobre a água milagrosa do poço, visto que não mais se sentiam ameaçados pelo governador, e das notícias sobre a súbita recuperação das índias condenadas à morte por doenças, e outros benefícios obtidos que circulavam boca a boca, não se falava de outra coisa em Puebla, em Tlaxcala, e nas vizinhanças.

Cada vez mais, em maior número, as pessoas recorriam ao santo remédio, e os relatos de cura das mais diversas enfermidades, por meio da água e da terra, multiplicavam-se. Cegos, coxos, aleijados voltavam à vida normal ao ingerir água ou esfregar a terra em forma de lama nas partes afetadas.

Ainda assim, tais episódios não eram reconhecidos como prova inconteste de que a cura seria, de fato, consequência da água sagrada.

Quando caiu gravemente enfermo pela segunda vez, Diego Lázaro procurou acalmar seus pais. A doença, mortal, estava sendo usada, conforme a disposição de Nosso Senhor, para comprovar a eficácia da água do poço. Recusou tomar qualquer medicamento.

Foram suas últimas palavras. Nos quatro dias seguintes piorou a ponto de não conseguir falar. Seu pulso praticamente não dava sinais de vida.

Seguindo as instruções que ele havia estabelecido, seus pais primeiramente o trataram administrando água comum. Não houve melhora. Bebeu a água do poço de São Miguel e logo começou a voltar ao normal, até ficar totalmente bom.

Os religiosos da Ordem de Seráfico, a princípio céticos, não resistiram a tantos relatos de prodígios, públicos e notórios e a tanta comoção popular. Começaram a tornar públicas as histórias de milagres, antes mesmo da confirmação das autoridades eclesiásticas, o que fomentou ainda mais a devoção ao Arcanjo São Miguel.

Longas filas se formavam pelos candidatos à cura. Devotos depositavam flores, queimavam incensos; outros escavavam cavernas na colina onde a fonte estava, nas quais passavam a morar, a fim de ficar mais próximos ao lugar sagrado. Diego Lázaro escavou na colina um nicho para abrigar a capela do Santo Arcanjo. Uma ermida foi erguida para receber os fiéis.

Preocupado com tanto alarde e ciente de suas responsabilidades, como bom pastor de suas ovelhas, o bispo Dom Gutierre Bernaldo de Quirós decidiu tirar a questão a limpo. Nomeou para a causa o Doutor Alonso de Herrera, Cônego Penitenciário da Igreja Catedral, homem de letras, clérigo de grande reputação.

Ordenou que visitasse o local em que os devotos se reuniam, verificasse a origem e as circunstâncias de tudo que estava acontecendo, assim como a veracidade acerca dos relatos de cura milagrosa em virtude da água e da terra do poço.

E ainda recomendou que, se não houvesse fundamento sólido para aquelas alegações, a ermida deveria ser destruída e, sob pena de excomunhão, os devotos deveriam ser proibidos de chegar à fonte.

— Advirto que o senhor deverá, caso comprovada a fraude, extinguir de uma vez por todas aquela balbúrdia com que haviam, até aqui, abusado da piedade de Nosso Senhor e exigir que o Padre de Santa María Nativitas também se comportasse dessa forma — afirmou o bispo. — Caso, ao contrário, o senhor constatar que é tudo verdade, deverá fomentar e levar adiante a devoção dos fiéis.

O cônego fez as averiguações no povoado de Santa María Nativitas. No povoado de São Barnabé Capula, na casa de Diego Lázaro, tomou depoimentos de seus pais, de seus vizinhos e de todos os que souberam de sua primeira enfermidade letal, sua melhora repentina, a segunda e a terceira e aprovou o uso da água da fonte (ou poço) e da terra em que se encontrava.

Contou ao bispo ter encontrado um grande número de doentes que se curaram com a água e bendizem São Miguel Arcanjo.

A relação dos milagres efetivos que se sucederam com eles, além da devoção e da fé que demonstraram ao chegar à fonte, lhe pareceu que era uma prova eficaz de que tudo aquilo era de Deus.

E que além das investigações que fez, para qualificar o milagre, o que havia sentido lhe persuadiu que todos aqueles enfermos estavam ali como antigamente, em Jerusalém, à vista da Piscina.

— Este lugar é venerável e digno de todo respeito, é uma terra santa, onde está brotando a santidade — concluiu o cônego.

Autorizado pelo bispo, o cônego instalou um altar com ornamentos muito bonitos, trazidos do Convento de Santa Maria, na capela de São Miguel, e também flores, ramos e imagens da Catedral de Los Angeles.

Acompanhado de músicos da mesma catedral, cantou, no dia seguinte, uma missa na igreja, celebrada com inexplicável devoção e reverência àquele santo lugar.

Logo que escapou, milagrosamente, da última enfermidade, Diego Lázaro abandonou a casa de sua família e foi morar numa caverna junto à fonte santa, dedicando-se ao culto e a serviço do Príncipe dos Anjos, que tantos favores lhe fez.

Certa vez, seu conterrâneo Cristóbal Bernal Vejarano procurou-o quase desfalecido, queixando-se de violentas dores de estômago que o torturavam.

Diego Lázaro apanhou um punhado de terra, molhou na água, produzindo barro e com grande fé desenhou, com a lama, três vezes o sinal da cruz sobre o estômago do desenganado.

As marcas da cruz ficaram perpetuamente estampadas em seu corpo, impressas de forma indelével, como a confirmar a verdade do milagre.

Um dia apareceu a Diego Lázaro um sacerdote da Ordem do Glorioso Doutor da Igreja Santo Agostinho. O padre estava cego.

Entrou na Ermida do Santo Arcanjo e com muita fé e devoção acendeu uma vela diante de seu altar.

Durante nove dias repetiu o gesto, pedindo ao Glorioso São Miguel que lhe desse a visão, para que pudesse, com isso, servir melhor a Deus e à sua religião.

Ao término do nono dia, lavando os olhos com a água, com muita fé e devoção, voltou a enxergar, o que foi presenciado por várias testemunhas, mais tarde testificadas pelas autoridades eclesiásticas nas investigações.

Um homem de meia-idade da cidade de Puebla, cujo nome foi omitido dos registros por motivo que se saberá adiante, tendo ficado cego por muitos anos, pediu para ser levado à fonte, contam testemunhas que ouviram o relato da boca de Diego Lázaro.

Lavou-se com a água e, para assombro seu e de outros peregrinos, voltou a enxergar logo em seguida – e assim voltou a Puebla, animado para começar uma vida nova.

No entanto, pôs os olhos na mulher de seu vizinho, envolveu-se nessa má amizade e, com diabólico atrevimento, depois de três meses levou-a ao santuário e a colocou diante do Santo Arcanjo.

Como por encanto, voltou a ficar cego.

Desesperado, mergulhou o rosto no poço. Mas não recuperou a visão.

Abandonou a mulher e, guiado por um índio, voltou à sua aldeia.

O clérigo Pedro Salmerón afirmou: "Diego Lázaro levou daí em diante uma vida santa e reclusa, com muitas penitências, ajudando os enfermos e por isso era amado, venerado por todos e em especial pelos clérigos de San Francisco".

Depois de completar três anos morando na caverna, nas condições mais precárias, e ajudando a curar quem o procurasse, foi acometido por outra grave enfermidade, que aceitou com muita paciência e conformidade com a vontade divina. Ela o consumiu a ponto de ele não ter mais que a pele sobre os ossos.

Tendo recebido os santos sacramentos, morreu.

Dezenas de devotos acompanharam seu velório e sepultamento na primeira ermida do lugar sagrado.

Seu retrato, desenhado por um importante artista, foi colocado ao lado da imagem de São Miguel Arcanjo, que se encontra no altar.

Anos depois, seus ossos foram trasladados à nova igreja, o Santuário de São Miguel do Milagre, onde descansa, sereno, em sua vida eterna.

7

AS MENINAS DE GARABANDAL

Tenho ainda muitas coisas a vos dizer, mas não sois capazes de compreender agora. Quando ele vier, o Espírito da Verdade, vos guiará em toda a verdade (Jo 16,12-13).

Uma história recente, ainda não muito conhecida, porém carregada de mística e revelações, aconteceu na cidade de São Sebastião de Garabandal, na Cantábria, norte da Espanha, entre os anos de 1961 e 1965. Foram mais de duas mil aparições de Nossa Senhora trazendo uma mensagem atual de conversão.

Alguns pontos precisam ser esclarecidos antes de relatarmos a história das meninas de Garabandal. A revelação se tornou plena em Jesus Cristo, finalizada com o apóstolo João. Tudo o que vem depois é fruto da Tradição e do Magistério.

O Magistério, por sua vez, nos ajuda a entender que as revelações privadas podem ajudar as pessoas a viverem a única e mesma Boa-Nova anunciada por Jesus Cristo. Por isso, ela precisa estar em profunda sintonia com essa mensagem revelada.

Sobre Garabandal, a Igreja não tem uma posição definitiva sobre os relatos. Os Papas São Paulo VI e São João Paulo II mostravam respeito pelas mensagens de Nossa Senhora em Garabandal. Contudo nunca houve uma aprovação eclesiástica.

São Padre Pio também era um grande entusiasta das aparições que lá ocorreram, chegando a conhecer uma das videntes.

No entanto, o processo de reconhecimento corre pela Diocese de Santander, que, por enquanto, afirma não ver sobrenaturalidade nos fatos, mas incentiva as peregrinações e permite a celebração da Santa Missa no local.

Mesmo sem essa posição oficial da Igreja, decidi contar a história das meninas de Garabandal, porque, além de ser recente e ter a presença de São Miguel Arcanjo, a mensagem é forte e nos convida a uma profunda conversão.

Conchita foi a principal vidente. Sua mãe, Dona Isabel, exigia da filha muitas coisas, algumas difíceis de cumprir. A mais difícil era nunca mentir. Nunca mesmo. Ela só tolerava a verdade. Ai de quem mentisse para ela! Podia ser quem fosse, ela ficava muito brava.

As melhores amigas de Conchita eram Jacinta, Mari Loli e Mari Cruz. Sentavam lado a lado, no fundo da sala, para poderem conversar à vontade.

Como todos os dias, naquele 18 de junho de 1961 Conchita e suas amigas se encontraram numa vereda pedregosa.

Caminhavam à toa, sem rumo, despreocupadas, como é comum nas meninas de 11 a 12 anos. Olhos atentos a tudo, depararam com uma bela macieira bem ao alcance de suas mãos.

Sabiam que era feio roubar, mas não viram problema em colher as frutas sem perguntar ao dono se podiam. E as pegaram e as comeram.

Nessa época, o sol se punha muito tarde. Eram 20h30 dessa noite de verão, muito clara, sem nuvem alguma. De repente, elas ouviram um estrondo enorme, parecia trovão. Mas o céu estava azul.

— Que desgraça — disse Conchita. — Agora que comemos as maçãs roubadas, o diabo deve estar contente.

— E nosso anjo da guarda muito triste — completou Jacinta.

— Para consolar o anjo, vamos atirar pedras no diabo — propôs Conchita.

As outras toparam a brincadeira. E era um tal de atirar pedras no rochedo que não acabava mais. As meninas se esbaldando de rir.

Foi aí que, sem mais nem menos, a cabeça de Conchita tombou para trás e seu rosto ficou diferente. Suas amigas se assustaram, pensaram em chamar Dona Isabel imediatamente, mas, antes disso, ficaram igual a Conchita, a cabeça caiu para trás e os olhos se fixaram no céu.

Ficaram assim por meia hora, sem dizer uma palavra. Quando "acordaram", correram para casa.

— Mamãe, — disse Conchita, com a voz trêmula — a senhora não sabe o que aconteceu.

Conchita contou o seguinte:

— Eu estava brincando com minhas amigas aqui perto de casa. De repente, do nada, uma figura bonita apareceu para mim, envolta em muita luz. E com asas. E uma espada na mão. A Jacinta, a Mari Loli e a Mari Cruz também viram. Era um anjo, mamãe. Nós vimos um anjo.

A mãe da Conchita não acreditou muito. Ficou meio furiosa até:

— Menina tonta. Vai cuidar dos afazeres. Já fez a lição da escola? Com mentiras como essa ninguém vai longe na vida.

No dia seguinte, na mesma vereda pedregosa, Conchita e suas amigas viram o anjo de novo. Ele apareceu vestindo uma túnica azul, suas asas pareciam feitas de fogo. Era uma pessoa bonita, cercada por uma luz muito intensa, parecia um menino de 9 anos, mas muito forte, cuja presença por si só impunha respeito.

O anjo apareceu para elas diariamente, nos 12 dias seguintes.

No décimo segundo dia, 1º de julho de 1961, ele falou pela primeira vez e se apresentou às quatro meninas, mas se dirigiu a Conchita com essas palavras:

— Eu sou o Arcanjo São Miguel. Você sabe por que eu vim? Vim lhe dizer que amanhã a Virgem Maria virá se encontrar com você e suas amigas. Ela vai explicar a mensagem que eu mostrei no cartaz.

No dia seguinte, como o anjo prometeu, Nossa Senhora apareceu para as quatro meninas. Trazia no colo o menino Jesus e estava escoltada pelo Arcanjo São Miguel, que empunhava sua espada brilhante.

Seguiu-se uma conversa amena. Nossa Senhora fez perguntas a respeito das famílias das meninas e elas a trataram como se fosse sua mãe. Traduziu para elas o que estava escrito no cartaz de São Miguel Arcanjo, mas pediu que elas guardassem segredo.

Fora de casa, nas ruas da aldeia, o burburinho se formava quando, sem mais nem menos, as quatro meninas passavam andando rapidamente, o rosto caído, voltado para cima, a expressão de felicidade, como se estivessem em outro mundo.

As pessoas paravam. Era um espetáculo nunca antes visto. E não parecia um teatro, uma encenação. As meninas entravam em estado de graça, como que em êxtase, quando encontravam com Nossa Senhora.

De aldeia em aldeia, corria o boca a boca sobre as proezas. Havia quem desconfiasse.

Acorreram à aldeia médicos e especialistas para examinar o fenômeno. As conclusões deixaram as pessoas atônitas. No momento do êxtase, quando diziam ver Nossa Senhora, elas se transformavam. Não reagiam como as pessoas normais.

Picadas por agulhas, por mais perfurantes que fossem, elas não sentiam dor.

Caíam de joelhos sobre pedregulhos com toda a força, mas não se machucavam.

Conseguiam se deslocar com velocidade inusitada entre seres humanos quando iam em direção à aparição.

Andavam sem olhar para frente e não tropeçavam.

Tudo fazia crer que eram guiadas por uma força superior, sobre a qual não tinham controle.

Os incrédulos da aldeia já não tinham mais o que dizer. A fama das meninas saltou montanhas, atravessou mares. A humilde aldeia tornou-se um lugar sagrado, ponto final de peregrinações.

Observadores de fenômenos, jornalistas, escritores chegavam a cada dia mais curiosos e mais espantados.

Nossa Senhora tomou todas as precauções para a sua primeira mensagem alcançar seus objetivos e não ser vista como ameaça, nem provocar medo. Primeiramente, recitou a mensagem às meninas. E autorizou a leitura para o público somente algumas semanas depois. E somente uma parte de sua declaração.

No fim da tarde chuvosa de 18 de outubro de 1961, Conchita leu a mensagem em voz alta e, à medida que lia, não se sabia mais se os rostos dos que a ouviam, e o seu, inclusive, estavam mais molhados de gotas de chuva ou de lágrimas.

— Temos de fazer muitos sacrifícios, muitas penitências, visitar o Santíssimo, mas, antes de tudo, temos de ser muito bons — dizia a mensagem sagrada. — A taça já está enchendo e, se não o fizermos, virá um castigo. Um grande castigo.

— Que castigo será esse? — perguntaram os aflitos moradores de Garabandal.

— Não estou autorizada a dizer — respondeu Conchita. — Nossa Senhora não me deu permissão.

Os encontros das meninas com Nossa Senhora passaram a ser frequentes. Era ela quem as chamava, mediante sinais que somente elas podiam identificar. Não havia hora nem dia certo. Podiam ser convocadas de manhã, à tarde ou de madrugada.

Durante as caminhadas fantásticas, homens e mulheres da aldeia tomaram gosto por pedir que a Virgem Maria beijasse seus objetos. Apresentavam alguns utensílios bem curiosos. Certa vez, um cidadão entregou a Conchita uma caixinha vazia de pó de arroz.

Que é isso?, pensou ela. É falta de respeito pedir para beijar um objeto tão vulgar. Mas Nossa Senhora fez questão de obedecer ao pedido. Ela o reconheceu:

— Essa caixinha serviu para levar hóstias aos prisioneiros durante a Guerra Civil espanhola.

A segunda mensagem de Nossa Senhora foi transmitida a Conchita e suas amigas não por ela, mas por São Miguel Arcanjo, alguns anos depois, no dia 18 de junho de 1965. Nesse tempo todo, ela e o anjo voltaram a Garabandal muitas vezes, estima-se que tenham sido umas duas mil visitas. A mensagem dizia o seguinte:

> Em virtude da minha primeira mensagem não ter sido cumprida, advirto-vos, pois, que esta é a última. Antes a taça estava enchendo, agora está transbordando. Deveis afastar a ira de Deus sobre vós com os vossos esforços. Se Lhe pedirdes perdão com sinceridade, Ele vos perdoará. Eu, vossa Mãe, pela intercessão do Arcanjo São Miguel, quero vos dizer que vos emendeis. Já estais nos últimos avisos! Amo-vos muito e não quero a vossa condenação. Peçam-nos com sinceridade e nós vos daremos. Deveis sacrificar-vos mais. Pensai na Paixão de Jesus.

As pessoas prestavam mais atenção ao espetáculo das meninas "encantadas" do que ao conteúdo das mensagens divinas. As romarias ficaram mais frequentes e maiores.

Mas nem todos acreditavam no que viam, porque não podiam ver tudo o que elas diziam que estava acontecendo. Por isso, um dia, Conchita pediu a São Miguel Arcanjo um milagre:

— Por favor, faça alguma coisa que prove para todos que estou dizendo a verdade.

Um dia depois, 18 de julho de 1962, diante dos olhos dos aldeões e dos turistas, Conchita e suas amigas receberam das mãos do Arcanjo Miguel a Sagrada Comunhão.

No dia 13 de novembro de 1965, Nossa Senhora chamou Conchita, somente ela, para ouvir sua terceira mensagem, em meio a uma chuva implacável. E Nossa Senhora disse:

— Fala-me, Conchita, fala-me dos meus filhos, quero levá-los a todos debaixo do meu manto. Quero-vos muito e desejo a vossa salvação. Esta será a última vez que me verás aqui, mas sempre estarei contigo e com todos os meus filhos. Conchita, deves visitar mais vezes o meu filho. Por que te deixas levar pela preguiça de não o visitares? Quando te apresentares diante de Deus tens que mostrar as tuas mãos cheias de obras feitas por ti a favor dos teus irmãos e para a glória de Deus. Neste momento tens as mãos vazias.

Assim, compreendemos que a mensagem de Nossa Senhora em Garabandal nos convida à conversão e nos alerta sobre os tempos difíceis que a Igreja viverá por falta de fé de seus fiéis.

Particularmente para nós, devotos de São Miguel Arcanjo, nos alegra perceber a presença de nosso Glorioso Arcanjo, preparando o coração daquelas meninas ao encontro com Nossa Senhora, e também nos trazendo a segunda mensagem, como um grande intercessor.

8

OS MILAGRES NÃO PARAM

O Senhor escolheu outros setenta e dois e enviou-os, dois a dois, à sua frente, a toda cidade e lugar para onde Ele mesmo devia ir (Mc 10,1).

Em 2017, São Miguel Arcanjo realizou um grande milagre na vida do jovem Rafael Vicente da Silva. Morador da cidade de São Miguel Arcanjo, grande devoto e participante da vida da Igreja, estava em mais um dia normal de trabalho.

Era o dia 1º de outubro, domingo, e na cidade de São Miguel Arcanjo ainda celebravam-se os festejos do padroeiro, prolongados no final de semana.

No dia 27 de setembro, antes de ir ao trabalho, Rafael foi ao então Santuário de São Miguel Arcanjo e aos pés do Santo Defensor lhe confiou sua vida e seu trabalho. Pediu sua proteção, como sempre fazia.

Transcrevo a seguir o relato na íntegra enviado pelo próprio Rafael, pois há nele sentimentos e riqueza de detalhes que considero importante ser preservado.

"No ano de 2006 eu estava vivendo um momento muito bom na minha vida. A um tempo atrás tinha feito o curso de segurança. Eu era militar, estava servindo no Exército, em Itu. Tinha sido promovido a cabo, comprei meu carro e tinha feito uma entrevista para trabalhar como segurança em Sorocaba. Tudo caminhava muito bem, até que em um final de semana que eu vim para a cidade de São Miguel Arcanjo, tive uma discussão muito dura com meu pai. Ele saiu de casa, e ficamos brigados. No dia 31 de dezembro, de madrugada, eu sofri um acidente muito grave. Estávamos em 5 no carro, eu bati a cabeça e fiquei em coma. Nesse momento apareceu um homem que ajudou meu primo a me tirar do carro; eu estava praticamente morto, pois não tinha sinais vitais. Fiquei 11 dias internado sem memória e sem movimento do lado esquerdo do corpo. Outro rapaz que estava no banco do passageiro quebrou o pescoço e ficou paraplégico. Os outros 3 tiveram algumas lesões, mas nada grave.

Graças a Deus e a São Miguel Arcanjo, eu me recuperei e segui minha vida. Um tempo depois meu pai voltou para casa. Conto isso para mostrar que tenho tido muitas provações em minha vida. Depois desse ocorrido eu procurei seguir mais os caminhos de Deus, ir mais à missa, rezar mais e sempre agradecer. Todas as manhãs eu lia o Evangelho, sempre andava com um terço no bolso, e quase toda a tarde eu rezava.

Em 2016 eu conheci uma mulher especial, enviada por Deus para me fortalecer na caminhada. Nós ficamos noivos, eu fui efetivado no meu trabalho de segurança e tudo caminhava muito bem. Mas eu sempre tinha comigo que eu não podia parar de rezar, porque tribulações viriam.

Meu casamento estava marcado para o dia 14 de outubro de 2017, estávamos muito felizes, pois o grande dia estava chegando.

Eu trabalhava por escala de serviço, trabalhava de quinta a domingo e folgava segunda, terça e quarta-feira. Como eu não sabia o horário que iria entrar no trabalho na quinta-feira, eu sempre ia para Sorocaba na quarta à noite. Me chamaram para entrar no trabalho na quinta-feira de manhã, dia 28 de setembro. Disseram que eu iria acompanhar uma moça. Eu iniciei o trabalho na empresa, me armei e fui para o condomínio esperar a moça sair. Nós não tínhamos contato com eles, dificilmente conversávamos. Eles chegavam nos locais, nós fazíamos a segurança no desembarque do carro, na permanência no local, na saída do local e no deslocamento para outro endereço.

Nesse dia de manhã, fomos a uma padaria. Logo depois que cheguei ao local, recebi uma ligação do segurança da residência da família. O segurança dizia que a moça iria pra São Paulo e que ficaria lá até domingo. Sabendo disso, já pedi para reservar hotel.

Chegamos a São Paulo, Ela foi para vários lugares, só foi para o apartamento à noite. Quando foi encerrar o serviço, ela me disse o horário que iria sair no outro dia. Na sexta-feira, saímos de manhã, ficamos o dia todo fora e retornamos para o apartamento à noite. Ela encerrou o trabalho e disse o horário que iria sair no sábado.

Quando eu chegava no hotel, eu ligava para a empresa, em Sorocaba, para informar que a moça estava em segurança no apartamento. Quando eu falei com a empresa neste dia, fui informado que deveria retornar a Sorocaba, pois a mãe da moça queria que outro segurança ficasse com ela no domingo. Eu falei que esse outro segurança estaria de folga no domingo, então fui informado para continuar.

No sábado à noite eu fui informado que a moça iria a uma ONG no domingo de manhã, e que era para eu ficar bem próximo a ela.

No domingo, dia 1º de outubro, eu acordei cedo, liguei a TV e fiquei assistindo à missa. Mandei mensagem para minha noiva, feliz da vida, pois outubro tinha chegado, e iríamos nos casar.

Fui para o apartamento e esperei a moça descer. Quando ela chegou, me disse: "Eu vou junto com você no seu carro, não quero chamar a atenção no local". Ela colocou o endereço no aplicativo e fomos. Chegando ao bairro, já vi que o local era perigoso. Ela avistou o pessoal da ONG, descemos do carro, ela se aproximou deles e ficou conversando. Eu estava com colete à prova de balas. Então veio à minha mente: *Você vai ficar aqui por um tempo, esse lugar é perigoso e você não pode demonstrar que é segurança e que está armado*. Voltei para o carro e tirei o colete, bem discretamente, para ninguém ver. A moça e os voluntários foram caminhando para a ONG, e eu fui logo atrás.

Nesse momento eu já avistei três rapazes encostados em um carro. Um detalhe: eu servi o Exército por 6 anos, já havia 8 anos que tinha dado baixa para trabalhar como segurança, tive muito treinamento e sabia ver quando havia uma situação de perigo. Quando vi os três rapazes encostados no carro, deixei que a moça e os voluntários se distanciassem de mim, já prevendo algo. O pessoal passou por eles sem chamar a atenção, eles ficaram olhando pra mim, e antes um pouco de chegar neles eu entrei em uma mercearia, para tentar tirar o foco deles em relação à moça.

Eu entrei e conversei com a vendedora e logo saí, quando eu estava na calçada eles me abordaram, me indagaram perguntando o que eu estava fazendo ali. Disse que era motorista de aplicativo e meu carro estava do lado. Eu me vi cercado pelos três rapazes, um do meu lado esquerdo, um na frente e outro do lado direito. Eles diziam: "você é policial", mas eu negava.

O rapaz que estava à minha direita notou o volume na minha cintura e perguntou o que era, e eu disse que era meu celular, mas na verdade era minha arma. Então ele tentou pegar a minha arma. Nesse momento o que estava à minha esquerda sacou a arma dele e ficou apontando para minha cabeça. Eu fiquei tentando tirar a arma dele com minha mão direita, e com a outra mão tentava tirar a mão de um deles da minha arma.

Nesse momento o rapaz que estava à minha esquerda disparou, e a bala entrou no antebraço. Eu virei para ele, então o que estava na minha direita também disparou. Essa bala entrou nas costas e parou na costela, quase saindo no peito (entrou dois centímetros da coluna). Quando eu estava virando para a esquerda novamente, ouvi um terceiro disparo. No momento em que ouvi esse último disparo, eu saquei minha arma e dei dois tiros. Os rapazes correram para dentro da comunidade, eu retornei para a mercearia onde tinha entrado anteriormente, parei na porta e não vi mais nenhum dos rapazes.

Entrei e pedi para a proprietária fechar a porta e não abrir para ninguém. Era um sobrado. Eu fui para o fundo, subi uma escada e sentei, fiquei com a arma na mão, caso algum dos rapazes viesse para me matar. A mulher da mercearia estava chorando e muito nervosa. Eu entreguei meu celular para ela e pedi que ligasse para a Polícia. Ela ligou, me entregou o celular, eu falei com a Polícia. Em seguida, liguei para moça e perguntei se ela estava bem, no que ela disse que sim. Encerrei essa ligação e liguei para o supervisor da empresa e relatei o ocorrido, depois liguei novamente para a moça, perguntei se ela estava bem e relatei o ocorrido. Ela ficou muito nervosa, eu pedi para ela ficar no local onde ela estava e não sair com ninguém para nenhum outro lugar. Depois dessa ligação, liguei para o segurança que iria entrar em serviço mais tarde, relatei o ocorrido para ele e pedi para que ele já entrasse de serviço. Encerrei essa ligação e fiquei pensando em São Miguel Arcanjo, rezando e pedindo para ele me proteger, pois teria poucas chances de sair vivo daquele local, caso os rapazes voltassem para me matar. Ficava lembrando de quando eu rezava nas missas pedindo para São Miguel Arcanjo me proteger e que, se eu precisasse usar a arma, que eu a usasse com sabedoria.

Logo ouvi um barulho de gente subindo a escada, era a Polícia chegando. Eles chegaram até mim, eu falei que era segurança e expliquei o ocorrido. Eu liguei novamente para a moça, disse que a Polícia estava no local e que ela poderia descer em segurança.

Os policiais me levaram para o hospital. Fui atendido rapidamente, e os médicos me olharam e falaram: "*É* um milagre você estar vivo". Eles viram que eu não corria risco de morte, me colocaram no soro. Depois me levaram para fazer cirurgia de remoção das balas. Uma delas estava alojada no peito, bem em cima do coração, e foi retirada. Mas a que estava na costela não foi possível retirar.

Fui para outro setor do hospital, fiquei tomando soro, acordado e consciente do que estava acontecendo. Passei a noite no hospital e na segunda-feira à tarde recebi alta.

Fui para casa e segui a vida normal. No dia 14 de outubro me casei, fui viajar e quando voltei fui tirar a bala da costela. Essa bala, junto de meu testemunho, está na sala de milagres da Basílica.

Eu já tinha muita fé em São Miguel Arcanjo, mas depois desse milagre, ela aumentou. Tenho certeza de que meu testemunho pode resgatar muitos que estão desacreditados na fé em Deus".

9

QUEM COMO DEUS?

Jesus então disse à mulher: Filha, a tua fé te salvou. Vai em paz e fica livre da tua doença (Mc 5,34).

Uma das expressões que nos remetem a São Miguel Arcanjo é a tradução de seu nome: Mikael, que significa "Quem como Deus?". É um brado atribuído a São Miguel Arcanjo no momento da batalha contra o demônio, que quis ocupar o lugar de Deus no céu. O Arcanjo Miguel, ardendo de amor a Deus, com grande poder e força, brada "Quem como Deus?" e vence o demônio.

O Rodrigo Fogaça, cidadão e morador da cidade de São Miguel Arcanjo, também teve a experiência dessa força de São Miguel Arcanjo numa grande batalha que sua família enfrentou, e que trago abaixo em seu relato próprio:

"Eu, Rodrigo José Fogaça, casado com Antônia Aparecida Ferreira de Oliveira, gostaria de relatar a graça alcançada por intercessão de São Miguel Arcanjo, no ano de 2020.

Estávamos em casa, no meio da tarde, quando minha esposa começou a passar mal. Corremos para o hospital de nossa cidade. Ela foi atendida e constataram que ela estava infartando de uma forma mais grave. Naquele momento, me bateu uma angústia, aquele sentimento de impotência diante do que estava acontecendo, pois já tinha passado por isso no ano de 2016.

Neste intervalo, foi uma correria no hospital, pois ela precisava ser encaminhada para outra unidade e eles não achavam vaga via CROSS no sistema, pois estavam todas preenchidas.

Lembro-me que, no desespero, cheguei a ligar até para nosso reitor Padre Márcio, para que colocasse minha esposa em suas orações. Ela recebeu a unção dos enfermos. Depois de algum tempo e de muita oração, eis que surgiu uma vaga na unidade de Sorocaba, Hospital Adib Jatene.

Em Sorocaba, ela ficou por quase 10 dias, foram momentos difíceis para ela, para mim e para nossa família. Para dificultar, também estava enfrentando o desemprego. Contudo, foi também um momento de muita oração, de muita fé e de conversão.

Pude ficar com ela todos os dias dentro da UTI. Como se fosse um milagre, eu sentia que era a mão de Deus, que era São Miguel Arcanjo cuidando de tudo, todos os dias. Em todos os momentos rezamos o Rosário de São Miguel Arcanjo, a Ladainha.

Até que num domingo de manhã, eu tinha acabado de rezar, senti no coração e disse para minha esposa que, no outro dia, segunda-feira, ela iria fazer o cateterismo, e não ia dar nada de errado, ela teria alta da UTI e na quarta-feira iríamos embora e na quinta-feira eu seria chamado a trabalhar na empresa Suzano, na qual eu estava me preparando, por honra e glória de São Miguel Arcanjo.

Quem como Deus, ninguém como Deus.

E foi exatamente assim que aconteceu. Ela fez exame na segunda, não apresentou nada, teve alta da UTI, no outro dia, na quarta-feira, era meio-dia, teve alta do hospital, viemos embora sem falar nada a ninguém, pois o nosso compromisso era com São Miguel Arcanjo.

Primeiro chegamos na Basílica, agradecemos a Deus e a São Miguel Arcanjo, aí dei notícia a família e amigos, momentos de muita emoção e alegria.

Mas ainda a obra não estava completa, faltava o meu emprego. Mas o Deus que servimos não faz a obra pela metade. Na quinta-feira fui chamado para uma entrevista de operador, o milagre pelas mãos de São Miguel Arcanjo foi tão grande que consegui a vaga, sem nem ter concluído o curso que estava fazendo para a função; consegui terminar já contratado.

Hoje, graças a Deus, estamos bem, minha esposa está bem, faço oração de São Miguel Arcanjo todos os dias para sair trabalhar e uso o escapulário de São Miguel Arcanjo como parte de minha devoção.

Quem como Deus, ninguém como Deus".

10

A APARIÇÃO DE SÃO MIGUEL ARCANJO, NO BRASIL

Nos arredores da cidade de Jericó, Josué levantou os olhos e viu diante de si um homem de pé, com uma espada desembainhada na mão. Josué foi até ele e perguntou: "Tu és dos nossos ou dos inimigos?" Ele respondeu: "Não! Eu sou o chefe do exército do Senhor, eu acabo de chegar". Então Josué prostrou-se com o rosto por terra e o adorou. Depois perguntou-lhe: "O que diz meu senhor a seu servo?" O chefe do exército do Senhor respondeu a Josué: "Tira as sandálias dos pés, pois o lugar em que pisas é sagrado". E Josué fez o que lhe fora ordenado (Js 5,13-15).

No ano de 1932 aconteceu no Brasil uma guerra civil, que ficou conhecida como Revolução Constitucionalista.

De uma forma bem simples, o Estado de São Paulo queria que o Brasil voltasse a ser regido pela Constituição federal. Isso deflagrou uma guerra entre o exército do Brasil (em sua maior parte representado pelo Sul) e o exército de São Paulo.

Em 2022 eu lancei um livro intitulado *São Miguel Arcanjo, o Santo Guerreiro da Revolução de 1932*,[12] em que trato com detalhes algumas aparições de São Miguel Arcanjo no mundo, o pensamento da Igreja sobre revelações privadas e o desenrolar dessa guerra civil. Mas não posso deixar de mencionar neste livro a importância desse fato, que é sinal forte da ação de São Miguel Arcanjo em favor da paz, em nosso município.

[12] Padre Márcio Almeida. *São Miguel Arcanjo, o Santo Guerreiro da Revolução de 1932*. São Paulo: Ed. Angelus, 2022.

O objetivo do exército do Sul era chegar à capital paulista, e o objetivo do exército de São Paulo era impedir que o Sul chegasse à capital. Assim, eles vieram guerreando em diversas trincheiras de combate, em diversas cidades da fronteira do Paraná, entrando em São Paulo.

Passaram por algumas cidades que foram bem destruídas, casas invadidas, torres de Igrejas e cidades bombardeadas... Muitas mortes de soldados e de civis.

Aqui, bem próximo de nossa cidade, Buri, Guapiara, Capão Bonito entre outras cidades, sofreram muito com a guerra.

No meio do mês de setembro, o exército do Sul chegou à cidade de São Miguel Arcanjo. Tomaram a casa paroquial, pediram para os munícipes abandonarem a zona urbana, inclusive o pároco, que se recusou a sair da cidade por estar próxima a data do padroeiro e ele precisava dar assistência espiritual aos seus fiéis.

Foi formada uma trincheira de combate no bairro Turvo da Lagoa, e ali os exércitos estavam prontos para o combate.

Na madrugada do dia 29 de setembro, dia de São Miguel Arcanjo, estando os exércitos entrincheirados na cidade de São Miguel Arcanjo, foi proclamado o último armistício, um cessar-fogo, finalizando o combate. Existe um documento que comprova essa decisão.

Esse sinal para mim já é muito significativo. Costumo dizer que não é uma coincidência, mas uma ação de Deus... A paz prevaleceu... A guerra acabou... São Miguel Arcanjo fez a intervenção!

O fato por si só já é forte e significativo... mas não para por aí.

No coração dos antigos cidadãos de São Miguel Arcanjo existe uma história que também trato com mais detalhes no livro citado.

Resumidamente, a história é a seguinte: houve um grande clarão no céu, no meio da trincheira de combate, a ponto de os exércitos não se enxergarem. E do meio do clarão apareceu um homem, declarando que a guerra havia acabado.

Quando os exércitos desfizeram as trincheiras de combate, o de São Paulo foi embora e o do Sul entrou na cidade de São Miguel Arcanjo. Foram até a casa paroquial e pediram para o padre abrir a igreja para fazerem as orações de agradecimento.

O Capitão Dilermando, que liderava o exército do Sul, entrou na igreja e, ao ver a imagem de São Miguel Arcanjo, afirmou: "Foi esse homem que anunciou o fim da guerra!". Deixou ali sua espada e levou o estandarte do santo.

O padre pediu ao Sr. Leôncio de Goes, pai do Diácono Goes, para cuidar da espada, que ficou muitos anos em sua casa, mas depois foi roubada.

A imagem que o capitão viu e reconheceu como sinal da aparição, foi restaurada e encontra-se atualmente no batistério da Basílica, para veneração dos fiéis.

E nossa Igreja foi presenteada por uma família proprietária de terras que doou um pedaço do terreno da trincheira de combates, que estamos preparando para se tornar um local de visitação dos fiéis.

Conto esta história com muito carinho e acredito nela! Como disse no primeiro livro, não temos a pretensão de abrir um processo de reconhecimento canônico da aparição. Inclusive, a maioria das aparições não possui esse reconhecimento canônico. Mas decidimos tornar essa história mais conhecida para que os fiéis e devotos de São Miguel Arcanjo saibam que aqui no Brasil, pertinho de nós, ele fez um sinal, realizou o milagre da paz e apareceu como Chefe dos Exércitos do Senhor, para defender o povo de Deus.

11

A BASÍLICA DE SÃO MIGUEL ARCANJO, NO BRASIL

Como são amáveis tuas moradas, Senhor dos exércitos! Minha alma desfalece e suspira pelos átrios do Senhor (Sl 84/83,2-3).

Em 2018, a Igreja Matriz da cidade de São Miguel Arcanjo, conhecida como Santuário de São Miguel Arcanjo, recebeu do Vaticano um grande presente: o título de Basílica Menor, sendo a única do Brasil em honra deste Santo Protetor.

Mas a história desta Igreja vem desde o século XIX.

Ainda não existia a cidade com o nome de São Miguel Arcanjo. Tratava-se de um vilarejo, pertencente ao município de Itapetininga, no interior paulista.

Nesse contexto, Tenente Urias é considerado o fundador do futuro município, chamado. Sabemos que, em 1844, ele foi designado pelo Governo para abrir uma estrada que ligasse a cidade de Itapetininga ao porto em Iguape. Ele já residia neste vilarejo, mas a partir de então o lugar ganhou novas perspectivas.

Uma de suas filhas, Maximina Ubaldina, devota de São Miguel Arcanjo, pediu ao pai para erguer uma pequena capela em honra do defensor, para que os moradores da redondeza pudessem viver sua fé. A partir desse momento, a devoção popular ao Príncipe das Milícias Celestes começou a crescer.

Já não precisavam ir até Itapetininga, distante cerca de 40 quilômetros. Podiam agora rezar ali, na Igrejinha de São Miguel Arcanjo.

A igreja ficou pequena para tantos fiéis. Em 1884, outra filha do Tenente Urias, a Sra. Thereza Augusta Nogueira Teixeira, decidiu doar uma quantidade de terras para que fosse erguida uma nova Capela de São Miguel Arcanjo. No Livro do Tombo da Paróquia consta que ela doou 25 alqueires para o santo, sob a condição de nunca ser vendida. E caso fosse necessário a venda, o produto deveria ser empregado na mesma Capela.

Nesse mesmo ano, a igreja, que ainda não era paróquia, recebeu a autorização por parte da Arquidiocese de São Paulo para ter seu Livro do Tombo.

No dia 11 de janeiro de 1886, essa Capela de São Miguel Arcanjo recebeu o título de Paróquia de São Miguel Arcanjo. Somente em 1889, três anos depois da criação da Paróquia, esse vilarejo tornou-se de fato um município, recebendo igualmente o nome daquele que escolheu ali acampar e manifestar suas graças.

É por isso que particularmente eu considero São Miguel Arcanjo o verdadeiro fundador do município. É claro que Tenente Urias e sua família tiveram um papel importantíssimo. Mas fica mais claro ainda, na história dos fatos, que houve uma escolha do próprio Arcanjo por este lugar.

A vida do município seguiu adiante. Povo simples, mas fiel e devoto. Apesar de haver poucos moradores, queriam uma igreja maior. Nos anos de 1940, foi formada uma comissão para se construir a nova Igreja Matriz. O lançamento da pedra fundamental aconteceu em 1º de dezembro de 1944, e a obra foi iniciada em 2 de janeiro de 1945.

O projeto de engenharia foi doado pelo engenheiro Renato Scoponi, mas este era muito ousado para a realidade do pobre e pequeno município. O bispo, com muito cuidado, tentou alertar de que seria uma obra muito além de suas possibilidades e de que poderia levar muitos anos para ser concluída.

Mas os fiéis não desanimaram. Arregaçaram as mangas, fizeram quermesses e iniciaram a obra, que durou cerca de 15 anos.

Em sua inauguração, na Festa de Cristo Rei, em 30 de outubro de 1960, Dom José Carlos de Aguirre, bispo diocesano de então, disse: "A Matriz de São Miguel Arcanjo é um dos mais suntuosos templos de nossa Diocese".

Para quem não conhece a Basílica de São Miguel Arcanjo, fica o convite. Ela tem sua arquitetura baseada no neogótico, com arcos que se encontram em todo o teto.

Sua torre mede 31 metros de altura e nela há dois grandes sinos datados de 1951 e 1962. A nave central possui 15 metros de altura e 50 de cumprimento.

Em seu interior temos muitos elementos que ajudam a enriquecer a experiência de fé e devoção.

Já na entrada, à esquerda, temos a Capela do Batismo, com sua pia batismal doada em 1949, vitrais e a imagem de São Miguel Arcanjo da igreja antiga, na qual o Capitão Dilermando, ao término da Revolução Constitucionalista, viu e afirmou que havia sido aquele homem quem avisara do final da guerra.

Ao lado esquerdo do presbitério temos a Capela do Santíssimo. Lugar de silêncio e adoração. Possui o antigo altar mor da igreja com sua mesa de comunhão.

Durante os anos de 2020 e 2022, a igreja ganhou 67 vitrais que retratam a devoção a São Miguel Arcanjo e a piedade católica. Somados aos 6 já existentes da inauguração, totalizam 73 vitrais.

No átrio de entrada da igreja temos o vitral do Brasão da Basílica.

No Batistério, temos imagens que nos recordam o batismo de Jesus por João e o batismo de crianças.

No corpo da igreja, do lado direito inferior, encontramos uma sequência de vitrais que retratam os textos bíblicos, sempre com uma frase referente ao desenho do vitral e um trecho da ladainha a São Miguel Arcanjo. A sequência dos vitrais é a seguinte:

- Daniel 12,1 ("Levantar-se-á Miguel, o grande príncipe, que se conserva junto dos filhos do teu povo");
- Daniel 10,13 ("Então Miguel, um dos príncipes superiores, veio em minha ajuda");
- Josué 5,13-15 ("Eu sou o chefe do exército do Senhor");
- Judas 1,9 ("Nem mesmo Miguel o acusou injuriosamente");
- Apocalipse 12,7-9 ("São Miguel Arcanjo, defendei-nos no combate");
- Temos também um vitral que retrata São Miguel Arcanjo, o defensor no momento da morte.

No corpo da igreja, do lado esquerdo inferior, vislumbramos vitrais que retratam as aparições de São Miguel Arcanjo. Seguem a mesma lógica dos vitrais acima mencionados e obedecem à seguinte sequência:

- Aparição a Constantino, ano 312;
- Aparição a Dom Lorenzo no Monte Gargano, anos 490, 492 e 493;
- Aparição à serva de Deus Antônia de Astônaco, ano 1750;
- Aparição na cidade de São Miguel Arcanjo, ano 1932;
- Aparição de um serafim a São Francisco de Assis, durante a Quaresma de São Miguel Arcanjo do ano 1224;
- Temos ainda um vitral de Nossa Senhora Rainha dos Anjos.

Na Capela do Santíssimo temos vitrais que retratam os símbolos eucarísticos.

No piso superior temos os vitrais dos Santos Anjos intercalados pelos Sete Sacramentos da Igreja, as imagens do Sagrado e do Imaculado Coração e a frase "Quis ut Deus".

No presbitério encontramos os vitrais que retratam o coro celeste dos anjos, e no nível superior do mesmo, o Princípio e Fim, nascimento e ressurreição do Senhor Jesus.

Na sacristia, temos um vitral que retrata o brasão do Vaticano.

Na fachada da frente, para o lado de fora, a igreja também possui um jogo de vitrais. Em sua torre, o Espírito Santo, semelhante ao da Basílica de São Pedro, no Vaticano. Abaixo dele temos os quatro evangelistas, São Pedro e São Paulo, São Gabriel e São Rafael. No centro, uma imagem de São Miguel Arcanjo.

Temos, ainda, algumas relíquias de primeiro grau espalhadas pela Igreja: São Francisco de Assis, São Padre Pio, São João Paulo II, São Camilo de Léllis, e a pedra do Monte Gargano, local onde São Miguel Arcanjo apareceu por quatro vezes.

Por fim, temos diversas imagens no corpo da igreja que nos ajudam a rezar diariamente.

A igreja é toda iluminada por fora, e aos sábados e domingos, após a missa da noite, realizamos um show de luzes, momento de encantamento para os olhos, com músicas temáticas dos tempos litúrgicos e dança das luzes.

Ficou curioso? Venha nos visitar... É sempre muito bom acolher peregrinos e devotos de São Miguel Arcanjo.

Mas temos ainda algo a mais para encantar seu coração...

EPÍLOGO

A gruta do arcanjo

Pois para Deus nada é impossível (Lc 1,37).

Até aqui a leitura deste livro nos conduziu à contemplação dos milagres realizados por Deus por meio da intercessão de São Miguel Arcanjo.

Cada história, cada relato, nos ajudou a perceber a força do poderoso Arcanjo Miguel e como ele de fato caminha ao nosso lado sendo o nosso defensor.

Finalizo este livro apresentando a você um projeto, um sonho ousado: construir uma estátua de São Miguel Arcanjo.

No início, pensávamos assim: nossa cidade foi escolhida por São Miguel Arcanjo como lugar santo; aqui ele apareceu para estabelecer a paz; possui uma belíssima igreja que cultiva e propaga a devoção a este poderoso arcanjo; as pessoas chegam aqui e ficam encantadas com tudo o que encontram. No entanto, seria muito bom coroar tudo isso com uma estátua de São Miguel Arcanjo!

Em 2018, início dessa jornada, tudo parecia imenso, inalcançável e impossível... mas para Deus, tudo é possível... E mesmo em meio à nossa incredulidade, Ele foi conduzindo todas as coisas.

Em 2019 fomos procurados por uma empresa que manifestou interesse em nos ajudar e começamos a dar passos e sonhar com essa realidade. Foram os primeiros esboços de um projeto agora chamado "Gruta do Arcanjo". Iniciamos a busca por terrenos, mas em todas as nossas tratativas não obtínhamos resultados favoráveis... Parecia que Deus não queria nenhum daqueles lugares, pois tinha tudo para dar certo, mas sempre algo acontecia de negativo.

Com o advento da Pandemia de Covid-19, demos um grande passo para trás. Medo, insegurança e incerteza – sentimentos que muitos viveram.

Foi então que em meados de 2020 fomos procurados por uma família que desejava doar um terreno para a igreja por intenção do falecido marido: a família Montibeller. Iniciamos várias conversas a fim de alinharmos sonhos, expectativas e compromissos de cada parte.

Paralelo a essa tratativa, surgiu um grande incentivador do projeto, que nos deu coragem, ânimo e mostrou que era possível: Dr. André Murad.

Terreno doado, chegou o momento de sonhar o projeto.

A terra doada era muito maior do que imaginávamos no início de tudo, por isso entendemos que dava para ter muito mais que somente uma estátua. Fizemos muitas reuniões para entendermos como esse complexo religioso poderia atender às expectativas dos devotos de São Miguel Arcanjo. Depois de muitas reflexões, percebemos que poderíamos construir uma igreja semelhante ao Santuário do Monte Gargano, que fica ao sul da Itália, como que trazendo para o Brasil essa importante igreja em honra a São Miguel Arcanjo, com quatro aparições dele reconhecidas pela Igreja e local de constante peregrinação.

Em fevereiro de 2022 fizemos uma reunião com o Pe. Ladislao, reitor do Santuário de São Miguel Arcanjo, no Monte Gargano, apresentando o projeto, que foi de pronto acolhido e incentivado.

Em outubro do mesmo ano, fizemos uma peregrinação ao Monte Gargano e ali fomos acolhidos pelo Pe. Ladislao. Na ocasião, na presença do Bispo Diocesano daquela região, na presença dos dois reitores (Basílica e Monte Gargano), e na presença dos representantes das duas prefeituras, firmamos um termo de irmandade, em italiano chamado de *Gemellaggio*, que nos tornou igrejas-irmãs, fato esse nunca realizado com uma igreja do continente sul-americano.

Muita graça de Deus acontecendo entre nós. E só temos que glorificar a Deus por todas as coisas e agradecer a São Miguel Arcanjo por abrir tantos caminhos.

Em 2023 iniciamos a obra!

O projeto como um todo é composto por: Igreja Santuário semelhante à do Monte Gargano, sala de milagres, museu de arte sacra, auditório, estátua de São Miguel Arcanjo, pavilhão devocional, confessionários, velário, gruta mariana, presbitério para missa campal, entre outros espaços necessários para o bom funcionamento do empreendimento.

A estátua terá 57 metros de altura, com mirante no peito do arcanjo.

Quanta graça de Deus! Tenho certeza de que essa cidade foi escolhida por São Miguel Arcanjo como sua morada. Ele decidiu aqui acampar e cuidar desse povo e de todos aqueles que aqui vêm em busca de sua proteção.

Vimos ao longo dos relatos deste livro o quanto São Miguel Arcanjo está presente na vida do povo de Deus. Escolhi alguns poucos sinais diante de tantos muitos outros.

Alguns sinais são simples, outros são mais fortes no relato. Alguns sinais se perderam no tempo, outros permanecem. Mas o que de fato importa é que o Arcanjo São Miguel sempre assistiu o povo de Deus.

Aqueles que foram visitados por São Miguel Arcanjo ou que obtiveram um milagre por meio de sua intercessão, dão glória a Deus, independentemente da singeleza ou grandeza do fato.

Dessa forma, espero que este livro tenha despertado em você essa fé inabalável, essa confiança forte na intercessão daquele que já foi escolhido por Deus para nos defender ao longo de nossa vida.

São Miguel Arcanjo, defendei-nos no combate!

Quem como Deus, ninguém como Deus!!!

BIBLIOGRAFIA

ACIDIGITAL. Esta é a verdadeira história da oração a São Miguel Arcanjo do Papa Leão XIII. 2020. Disponível em: https://www.acidigital.com/noticias/esta-e-a-verdadeira-historia-da-oracao-a-sao-miguel-arcanjo-do-papa-leao-xiii-17991. Acesso em: 7 jul. 2023.

ARQUIDIOCESE DE SÃO PAULO. Santa Joana d'Arc. Disponível em: https://arquisp.org.br/liturgia/santo-do-dia/santa-joana-darc. Acesso em: 6 jul. 2023.

CANÇÃO NOVA. Santa Joana d'Arc: camponesa, guerreira e santa. Disponível em: https://santo.cancaonova.com/santo/santa-joana-darc/. Acesso em: 6 jul. 2023.

CATECISMO DA IGREJA CATÓLICA. Disponível em: https://catecismo.net/indice-geral/parte=1/secao=2/capitulo=1/artigo=1/paragrafo=5/topico=1/titulo=0/numero=0. Acesso em: 6 jul. 2023.

David Ramos. Sabia que são Miguel Arcanjo apareceu no México?. *Acidigital*, 2023. Disponível em: https://www.acidigital.com/noticias/sabia-que-sao-miguel-arcanjo-apareceu-no-mexico-87646. Acesso em: 7 jul. 2023.

DIOCESI MANFREDOIA. OMELIA-MESSAGGIO per la Festa di S. Lorenzo Maiorano 2023 padre Franco Moscone – arcivescovo. Disponível em: https://www.diocesimanfredonia.it/omelia-messaggio-per-la-festa-di-s-lorenzo-maiorano-2023/. Acesso em: 7 jul. 2023.

Francisco De Florencia. *Narración de la maravillosa aparición que hizo el Arcángel San Miguel á Diego Lazaro de San Francisco*: Indio feligrés del Pueblo de S. Bernabé. Tip. del Colegio Pio de Artes y Oficios, 1898.

GARABANDAL, SÓ DEUS SABE. *Garabandal, cascata inesgotável*. YouTube, 18 dez. 2020. Disponível em: https://youtu.be/k_FQ3Funw7A. Acesso em: 7 jul. 2023.

GARABANDAL, SÓ DEUS SABE. *Garabandal, só Deus sabe - Filme completo*. YouTube, 31 maio 2020. Disponível em: https://youtu.be/VHx0wOeRLbU. Acesso em: 7 jul. 2023.

GARABANDAL. Documentação – A Posição da Igreja. Disponível em: https://www.garabandal.it/pt/documentacao/a-posicao-da-igreja. Acesso em: 7 jul. 2023.

MUSEUS DOS TESOUROS DO CULTO MICAÉLICO. TECU USEI, versão em português. Basílica do Santuário de São Miguel Arcanjo. Itália.

Padre Francisco Amaral. *AS APARIÇÕES de GARABANDAL – Documentário*. YouTube, 22 dez. 2020. Disponível em: https://youtu.be/2sJ3CgsMJ0Ihttps://youtu.be/2sJ3CgsMJ0I. Acesso em: 6 jul. 2023.

Padre Juan Eusebio Nieremberg. *Devoção a São Miguel Arcanjo*. Padre Juan Eusebio Nieremberg (†1658). Rio de Janeiro: Caritatem, 2021.

Padre Márcio Almeida. *São Miguel Arcanjo, o Santo Guerreiro da Revolução de 1932*. São Paulo: Ed. Angelus, 2022.

Padre Márcio Almeida. *São Miguel Arcanjo, defendei-nos no combate*. Padre Márcio Almeida. Aparecida, SP: Editora Santuário, 2022.

Papa Bento XVI. Angelus. Castel Gandolfo Domingo, 8 de julho de 2012. Disponível em: https://www.vatican.va/content/benedict-xvi/pt/angelus/2012/documents/hf_ben-xvi_ang_20120708.html. Acesso em: 6 jul. 2023.

Papa Bento XVI. Audiência Geral, 26 de Janeiro de 2011. Disponível em: https://www.vatican.va/content/benedict-xvi/pt/audiences/2011/documents/hf_ben-xvi_aud_20110126.html. Acesso em: 7 jul. 2023.

ÍNDICE

Este livro foi composto com as famílias tipográficas Acumin Pro e
Bellevue e impresso em papel Offset 75g/m² pela **Gráfica Santuário**.